Eberhard Jäckel
Hitlers Herrschaft

Eberhard Jäckel

Hitlers Herrschaft

Vollzug einer Weltanschauung

Deutsche Verlags-Anstalt
Stuttgart

Auf dem Umschlag sind der Anfang
und der Schluß von Hitlers politischem Testament
vom 29. April 1945 wiedergegeben.

CIP-Titelaufnahme der Deutschen Bibliothek

Jäckel, Eberhard:
Hitlers Herrschaft:
Vollzug e. Weltanschauung/Eberhard Jäckel.
2. Aufl.
Stuttgart: Deutsche Verlags-Anstalt, 1988.
ISBN 3-421-06254-4

2. Auflage 1988

Lektorat: Ulrich Volz
Umschlagentwurf: Reichert Buchgestaltung, Stuttgart
Gesamtherstellung: Friedrich Pustet, Regensburg
Printed in Germany

Inhalt

Vorwort

In dem Buch »Hitlers Weltanschauung« unternahm ich vor einigen Jahren den Nachweis, daß Hitler, ehe er an die Macht kam, genau entworfen hatte, was er danach tat. Aus seinen frühen Aufzeichnungen und Reden las ich heraus, daß er sich zwei Ziele gesetzt hatte, nämlich die Eroberung von Raum und die Entfernung der Juden, daß ihm der Staat nur Mittel zu diesem Zweck war, und daß er seine Ziele in einem Geschichtsbild mit ihn überzeugender Geschlossenheit begründete. Da diese Ziele die Grundzüge seiner Herrschaft prägten, erhielt das Buch den Untertitel »Entwurf einer Herrschaft«[1].

Es ist von manchen und auch von mir selbst als Mangel empfunden worden, daß das Buch nichts oder fast nichts zur Beantwortung der Frage beitrug, wie und warum dieser Mann an die Macht gelangen und seine Ziele so furchtbar weit vollziehen konnte. Ich leugnete nie die Bedeutung dieser Aufgabe, konnte sie aber damals noch nicht lösen und machte sie deswegen nicht zum Gegenstand meiner Untersuchung.

Seither hat mich diese Aufgabe zunehmend beschäftigt. 1983 gab der 50. Jahrestag des Machtantritts den äußeren Anlaß, meine Antworten auf die Frage, wie Hitler an die Macht gelangte, vorzulegen[2]. Im selben Jahr veranlaßte mich eine Einladung zu einer Vortragsreihe an der amerikanischen Brandeis-Universität, auch der anderen Frage nachzugehen, wie Hitler, einmal an die Macht gekommen, seine Ziele in die Tat umsetzen konnte[3]. Hinsichtlich der Vorbereitung und Führung des Krieges konnte ich mir dabei mehrjährige Arbeiten zunutzemachen, die einmal zu einer Geschichte des Zweiten Weltkrieges führen sollen. Hinsichtlich des Mordes an den europäischen Juden wurde ich zusätzlich durch eine Kontroverse angeregt, die 1977 entstand und in die ich verschiedentlich eingriff[4].

In dem vorliegenden Buch fasse ich diese Antworten zusammen. Während dabei natürlich manches aus den früheren Veröffentlichungen übernommen wird, ist doch alles nochmals überarbeitet, einiges ergänzt oder geändert und der Text ganz neu geschrieben worden.

Bei der Vorbereitung erwies es sich als notwendig, zwischen die Erklärung des Machtantritts und die Erklärungen der Verwirklichung der Ziele eine Erörterung der Herrschaftsform Hitlers einzuschieben. Denn auf den Machtantritt 1933 folgten mehrere Jahre der schrittweisen Machtergreifung, bis 1938 die Herrschaft errungen war und 1941 die Verwirklichung der Ziele eingeleitet werden konnte. Auch diese Herrschaftsform ist Gegenstand einer wissenschaftlichen Kontroverse geworden, und ich bestätige gern, daß ich von ihr wie von der anderen viel gelernt habe. Ich lasse jedoch die Auseinandersetzung mit entgegenstehenden Auffassungen in den Hintergrund treten, erwähne sie nur gelegentlich in den Anmerkungen und halte mich in der Darlegung wie in dem früheren Buch fast ganz an die zeitgenössischen Quellen.

Schließlich füge ich eine Betrachtung über den Ort Hitlers in der deutschen Geschichte hinzu. Dieses Kapitel geht wie das Schlußkapitel der Neuausgabe von »Hitlers Weltanschauung« über den eigentlichen Untersuchungsgegenstand hinaus. Es ist daher in noch höherem Grade als alles übrige ein Versuch und schien doch zur Aufgabe zu gehören. Denn der Historiker wird seinem Beruf, Vergangenheit begreiflich zu machen, nur dann ganz gerecht, wenn er die Ergebnisse seiner Forschungen auch in die größeren Zusammenhänge einordnet oder doch wenigstens ein paar entsprechende Hinweise gibt.

»Hitlers Herrschaft« ist demnach die Ergänzung von »Hitlers Weltanschauung«. War damals der Entwurf einer Herrschaft zu untersuchen, so nun der Vollzug einer Weltanschauung. Nur sehr ausnahmsweise vollzieht Geschichte sich so. Daß es in diesem Falle so war, ist die These des Buches, die nun belegt werden soll.

1. Kapitel

Der Weg zur Macht

Hitler gelangte an die Macht, indem er am 30. Januar 1933 zum Reichskanzler ernannt wurde. Er ergriff die Macht nicht, weder mit parlamentarischer Mehrheit, die er nicht hatte, noch mit revolutionärer Gewalt, die er im Januar 1933 nicht anwandte. Er wurde durch den Reichspräsidenten von Hindenburg ernannt, und die Ernennung vollzog sich gemäß den Regeln der Weimarer Reichsverfassung und unter den Bedingungen der Weimarer Republik[1].

Dieser Staat war aus der Niederlage Deutschlands am Ende des Ersten Weltkrieges hervorgegangen und beruhte doch selbstverständlich auf der alten Gesellschaft. Er war eine Republik, weil der Kaiser abgedankt hatte. Er war eine parlamentarische Demokratie, weil eine gewählte verfassunggebende Nationalversammlung diese Regierungsform beschlossen hatte.

In vielerlei Hinsicht war die Verfassung von 1919 indes nur eine Fortentwicklung der Verfassung von 1871, besonders in deren letzter Ausgestaltung nach der Verfassungsänderung vom 28. Oktober 1918. Schon seitdem bedurfte der Reichskanzler zu seiner Amtsführung des Vertrauens des Reichstages, der seinerseits schon seit 1871 aus allgemeinen und gleichen Wahlen hervorging. Insofern war Deutschland schon kurz vor Kriegsende eine parlamentarische Demokratie, wenn auch für einige Tage noch in der Staatsform einer Monarchie. Auch das in der Weimarer

Republik geltende Verhältniswahlrecht war bereits vor Kriegsende beschlossen worden.

Obwohl demnach alle wesentlichen Änderungen noch unter dem alten Regime eingetreten waren, war der Übergang zur parlamentarischen Republik nicht reibungslos vor sich gegangen. Es war eine Revolution ausgebrochen, und verschiedene von der Sozialdemokratischen Partei (SPD) abgespaltene Gruppierungen stritten dafür, daß Deutschland eine Räterepublik werden sollte. Wie sie im einzelnen ausgesehen hätte, blieb ungeklärt, denn die Revolution wurde niedergeschlagen. Die SPD, deren Vorsitzendem Friedrich Ebert am 9. November 1918 vom letzten kaiserlichen Reichskanzler die Regierungsgewalt übergeben worden war, setzte es durch, daß am 19. Januar 1919 allgemeine und gleiche Wahlen, bei denen erstmals auch die Frauen wahlberechtigt waren, zu einer verfassunggebenden Nationalversammlung stattfanden. Die SPD wurde wie schon bei den letzten Vorkriegswahlen von 1912 wieder die stärkste Partei, gewann aber nicht die absolute Mehrheit. Sie schloß daher eine Koalition mit zwei anderen Parteien, nämlich der katholischen Zentrumspartei und der neugebildeten linksliberalen Deutschen Demokratischen Partei (DDP). Diese Koalition verfügte über mehr als drei Viertel aller Mandate und war so in der Lage, die Verfassung vom 11. August 1919 zu verabschieden. Nach dem Tagungsort, der wegen der Unruhen in Berlin nach Weimar verlegt worden war, nannte man den Bund der drei Parteien die Weimarer Koalition und den neuen Staat die Weimarer Republik.

Indessen wirkten auch hier alte Traditionen in viel stärkerem Maße fort, als es der nachträglichen Geschichtsbetrachtung, die mehr den Umbruch als die Fortentwicklung sieht, oft erscheint. Die Weimarer Koalition war im Grunde schon im Juli 1917 entstanden, als sich jene drei Parteien zu einem Interfraktionellen Ausschuß zusammenschlossen, bald darauf eine Friedensresolution verabschiedeten, dann die Parlamentarisierung verlangten und schließlich zu Regierungsparteien wurden[2]. Man kann noch einen Schritt weiter gehen und sagen, daß diese drei Parteien mit der zeitweiligen Ausnahme des Zentrums im Kaiserreich seit jeher die Opposition gebildet hatten. Die drei großen innenpolitischen Konflikte der Bismarckzeit hatten ihnen gegolten, den Liberalen der Verfassungskonflikt in Preußen, dem Zentrum der Kulturkampf und der SPD die Sozialistenverfolgung. Die Liberalen hatten sich 1866 gespalten, und während ihr rechter Flügel, die Nationalliberalen, seitdem Bismarck unterstützt hatte, waren die Linksliberalen in der Opposition verharrt.

Gewiß gab es zwischen den drei Parteien Unterschiede und Gegensätze. Das Zentrum vertrat den katholischen Bevölkerungsteil in allen seinen Schichten. Die beiden anderen Parteien waren sozial geschlossener und vertraten im wesentlichen das untere Bürgertum und die Arbeiterklasse. So ungenau derlei Abgrenzungen im einzelnen auch immer bleiben müssen, so unterschiedlich die Interessen waren und so scharf gelegentlich die Gegensätze, es lag im Sinne einer lange angelegten Entwicklung, daß diese drei Parteien seit 1917 zusammenarbeiteten, die Parlamentarisierung forderten und sie 1919 in der neuen Verfassung verankerten. Sie erstrebten mehr Mitbestimmung, als ihnen im Kaiserreich eingeräumt worden war. Sie wollten, daß die Staatsgewalt vom ganzen Volke ausgehe. In einer gewissen Vereinfachung sollen sie daher im folgenden als die Demokraten bezeichnet werden.

Sie vertraten schon seit langem die Mehrheit des Volkes. Sie hatten sie erstmals bei der Reichstagswahl von 1884 erlangt, als sie 51,6 Prozent der abgegebenen gültigen Stimmen erhielten, und seit 1890 hatten sie ihre Mehrheit fast beständig erweitert, bis sie 1912 fast die Zweidrittelmehrheit, nämlich 63,5 Prozent erzielten[3]. Wenn sie nun 1919 einen Stimmenanteil von 76,1 Prozent gewannen, war das also keineswegs allein ein Ergebnis der Niederlage im Kriege, sondern auch und vor allem die Fortsetzung eines seit Jahrzehnten anhaltenden Trends. Neu war nur, daß diese drei Parteien jetzt, nachdem die alte Führungsschicht abgetreten und die Verfassung geändert worden war, die Regierung bilden konnten.

Dieser Gruppe der Demokraten stand eine andere gegenüber, die bisher die Regierungsgewalt innegehabt hatte und nun ihrerseits in die Opposition geriet. Gewiß war die Regierung nach der Verfassung von 1871 vom Kaiser und den übrigen Bundesfürsten ausgeübt worden. Der Kaiser ernannte den Reichskanzler allein, und dieser regierte mit wechselnden Mehrheiten. Getragen aber wurde die Regierung in der Hauptsache von einer Gruppe, die in den Konservativen Parteien und in der Nationalliberalen Partei organisiert war. Sie vertraten den grundbesitzenden Adel, überhaupt die Landwirtschaft und das obere Bürgertum. Wie ungenau auch diese Abgrenzung im einzelnen sein mag, dies war die Führungsschicht im Kaiserreich gewesen. Wiederum in einer gewissen verkürzenden Verallgemeinerung soll diese Gruppe im folgenden stets als die der Monarchisten bezeichnet werden. Damit ist, abweichend vom üblichen Sprachgebrauch, nicht nur die Anhänglichkeit an die Staatsform der Monarchie gemeint, gegen die auch viele Demokraten keine Einwände hatten. Gemeint ist vielmehr und vor allem die Anhänglichkeit an das konstitutionelle Regierungssystem, wie es in der Verfassung von 1871 verankert worden war. Man könnte es auch einfach jenes System nennen, das dieser Gruppe bisher die Ausübung der Regie-

Die Wahlentwicklung in Deutschland 1871–1933[4]

(in Prozenten der bei den Reichstagswahlen abgegebenen Stimmen)

Wahl	Monarchisten			Demokraten			
	Kons. DNVP	Nat. DVP	Gesamt	SPD	Z	Lib. DDP	Gesamt
1871	30,1	30,2	60,3	3,1	18,7	9,4	31,2
1874	15,1	29,7	44,8	6,8	27,9	9,0	43,7
1877	17,7	29,7	47,4	9,1	24,8	8,5	42,2
1878	26,6	25,8	52,4	7,6	23,1	7,9	38,6
1881	23,8	23,1	46,9	6,1	23,2	14,7	44,0
1884	22,1	17,6	39,7	9,7	22,6	19,3	51,6
1887	25,0	22,5	47,5	10,1	20,1	14,1	44,3
1890	19,2	16,7	35,9	19,7	18,6	18,2	56,5
1893	19,1	13,1	32,2	23,3	19,1	14,2	56,6
1898	17,1	12,8	29,9	27,2	18,8	11,4	57,4
1903	14,7	13,9	28,6	31,7	19,4	9,3	60,4
1907	14,6	14,5	29,1	28,9	19,4	10,9	59,2
1912	12,7	13,6	26,3	34,8	16,4	12,3	63,5
1919	10,3	4,4	14,7	37,9	19,7	18,5	76,1
1920	15,1	13,9	29,0	21,7	13,6	8,3	43,6
1924	19,5	9,2	28,7	20,5	13,4	5,7	39,6
1924	20,5	10,1	30,6	26,0	13,6	6,3	45,9
1928	14,2	8,7	22,9	29,8	12,1	4,9	46,8
1930	7,0	4,5	11,5	24,5	11,8	3,8	40,1
1932	5,9	1,2	7,1	21,6	12,5	1,0	35,1
1932	8,9	1,9	10,8	20,4	11,9	1,0	33,3
1933	8,0	1,1	9,1	18,3	11,2	0,9	30,4

rungsgewalt ohne Rücksicht auf die Mehrheitsverhältnisse ermöglicht hatte.

Denn die Monarchisten vertraten schon seit langem nicht mehr die Mehrheit des Volkes. Sie hatten zuletzt 1878 eine Mehrheit von 52,4 Prozent der abgegebenen gültigen Stimmen gewonnen und waren seitdem fast beständig zurückgegangen, bis sie 1912 noch einen Stimmenanteil von 26,3 Prozent hielten[5]. Nach dem Zusammenbruch hatten die führenden Parteien dieser Gruppe sich neukonstituiert, aber im Grunde nur ihre Namen geändert, und zwar die Konservativen Parteien in Deutschnationale Volkspartei (DNVP) und die Nationalliberalen in Deutsche Volkspartei (DVP). Ihr Wahlergebnis von 1919, das sich auf 14,7 Prozent belief[6], lag also gleichfalls in einem seit langem anhaltenden Trend, und es zeigte sich auch hier eine bemerkenswerte Kontinuität über das Kriegsende hinweg. Neu war nicht, daß die Monarchisten keine Mehrheit mehr hatten. Neu war nur, daß sie nun die Regierung nicht mehr bilden konnten.

Daß dafür nun die Mehrheit erforderlich war, versetzte sie in eine schwierige Lage. Sie konnten nämlich nicht hoffen, die Regierungsgewalt im Rahmen der neuen Verfassung zurückzugewinnen. Ihre Politik schwankte daher zwischen einer grundsätzlichen Obstruktion und gewaltsamen Umsturzversuchen, wie sie etwa im Kapp-Lüttwitz-Putsch vom März 1920 unternommen wurden. Da diese Versuche scheiterten und eine Zusammenarbeit mit den Demokraten nur ungern und vorübergehend ins Auge gefaßt wurde, richteten sich die Gedanken der Monarchisten bald darauf, die Verfassung zu ändern oder sie in den Dienst ihrer Interessen zu stellen. Den günstigsten Ausgangspunkt schien dabei die neue Institution des Reichspräsidenten zu bieten.

Angesichts der unsicheren Verhältnisse hatten ihm die

Verfassungsväter viel Macht gegeben. Der Reichspräsident wurde vom ganzen Volke unmittelbar für sieben Jahre gewählt und war unbeschränkt wiederwählbar. Er ernannte den Reichskanzler, der allerdings des Vertrauens des Reichstags bedurfte. Ferner konnte der Reichspräsident den Reichstag jederzeit auflösen und Neuwahlen anberaumen. Vor allem aber erhielt er durch den Artikel 48 ein starkes Notstandsrecht. Er konnte allein bestimmen, wann die Voraussetzung eines Notstands gegeben war, und konnte dann fast alle Maßnahmen ergreifen, die ihm angemessen erschienen. Er konnte gesetzähnliche Verordnungen erlassen, Grundrechte aufheben, die Armee gegen einzelne Länder des Reiches einsetzen und anderes mehr. Freilich mußte er diese Maßnahmen jeweils unverzüglich dem Reichstag zur Kenntnis geben, und dieser konnte sie mit einfacher Mehrheit wiederaufheben. Dem starken Reichspräsidenten stand also ein starker Reichstag gegenüber, und so schien der neue Staat sowohl in Notfällen handlungsfähig wie als parlamentarische Demokratie gesichert, jedenfalls solange die Wähler dies wollten.

Diese grundlegende Voraussetzung aber entfiel schon bei den ersten Reichstagswahlen am 6. Juni 1920. Die Parteien der Weimarer Koalition verloren die Mehrheit, und man weiß heute, daß sie sie niemals wiedererlangten. Ihr Stimmenanteil sank von 76,1 auf 43,6 Prozent. Die Demokraten gerieten damit in eine Minderheitsposition, wie sie sie zuletzt 1887 gehabt hatten. Insofern war dieses Wahlergebnis von geradezu epochaler Bedeutung. Es besagte, daß die parlamentarisch-demokratische Regierungsform schon seit 1920 nicht mehr von der Mehrheit der Bevölkerung getragen wurde.

Die Niederlage der Demokraten war indes kein Sieg der Monarchisten. Sie erhielten nur 29,0 Prozent der Stimmen und bewahrten sich damit etwa jene Position, die sie in den letzten zwei Jahrzehnten vor dem Kriege regelmäßig gehabt hatten. Auf dieser Seite war also eine Änderung nicht eingetreten. Die Niederlage der Demokraten war auf die Spaltung der SPD zurückzuführen. Die beiden abgespaltenen Gruppierungen, die Unabhängige Sozialdemokratische Partei (USPD) und die Kommunistische Partei (KPD), erhielten zusammen 20,0 Prozent der Stimmen. Wären auch sie der SPD zugefallen, hätten die Demokraten 63,6 Prozent der Stimmen erhalten und damit genau ihren Stand von 1912 bewahrt[7].

Die entscheidende Folge der Wahl von 1920 war, daß seitdem keine der beiden großen Gruppen der deutschen Gesellschaft die Mehrheit des Volkes hinter sich hatte. Unter den Bedingungen einer demokratischen Verfassung hieß das, daß keine der beiden Gruppen stark genug war, den Staat aus eigener Kraft zu führen, daß aber jede stark genug war, die andere an der Führung des Staates zu hindern. Folglich war jede nur in einer Koalition mit zumindest einer Partei der anderen Gruppe regierungsfähig. In der Tat waren alle folgenden Regierungen entweder solche Koalitionen oder Minderheitskabinette.

Man kann im Staat Staatsgewalt und Staatsapparat unterscheiden. Staatsgewalt ist die Möglichkeit, die Gesetze und Richtlinien zu erlassen, die der Staatsapparat ausführt. Er besteht aus den Verwaltungsbehörden, der Armee, der Polizei, der Justiz. Sie alle sind weisungsgebunden, auch die Justiz, insofern die Staatsgewalt ihr die Gesetze vorschreibt, nach denen sie Recht spricht. Die Staatsgewalt ist üblicherweise im Besitz der führenden Klassen oder in einer Demokratie im Besitz derjenigen, die in Wahlen die Mehrheit der Bevölkerung für sich gewinnen. Sie lenken dann den Staatsapparat, indem sie ihm Weisungen erteilen. Das hatten in

Deutschland unter der Verfassung von 1871 die Monarchisten und seit der Verfassungsänderung von 1918/19 die Demokraten getan.

Wenn nun wie seit 1920 in Deutschland die Staatsgewalt nicht eindeutig im Besitz einer Gruppe ist oder, anders ausgedrückt, die Bevölkerung sich nicht darauf einigen kann, wem sie die Staatsgewalt übertragen soll, dann gerät der Staat in eine kritische Lage. Sie kann dazu führen, daß er unregierbar wird. Ferner tritt an die Stelle der Weisungsgebundenheit des Staatsapparates eine mehr oder weniger große Weisungsungebundenheit. Man kann dies Verselbständigung des Staatsapparates nennen. Er gewinnt, wenn er ohne Weisungen gelassen wird, die Staatsgewalt teilweise oder ganz für sich. In der Weimarer Republik war dies in zunehmendem Maße der Fall. Da nun die meisten von denen, die den Staatsapparat bedienten, die Beamten und die Soldaten, noch von den Monarchisten ernannt worden waren und ihrem Regime eine größere Anhänglichkeit entgegenbrachten als der demokratischen Republik, verstärkte dies die Position der Monarchisten. Es war auch von Belang, daß die Inhaber der Produktionsmittel ganz überwiegend Monarchisten waren.

Trotzdem gelangten die Monarchisten nicht wieder in den vollen Besitz der Staatsgewalt. Unter den Bedingungen der Verfassung von 1919 bedurften sie dazu der Mehrheit, und davon waren sie nicht nur weit entfernt, sondern hatten auch keine Aussicht, sie zu gewinnen. Sie hatten sie ja schon seit Jahrzehnten nicht mehr gehabt. Folglich war es notwendigerweise ihr Ziel, die Verfassung so zu ändern, daß ihnen die volle Staatsgewalt wieder zufiel. Dabei kam ihnen entgegen, daß auch die Demokraten die Mehrheit nicht mehr hinter sich hatten, und daß die Verfassung das parlamentarische Regime nicht festgeschrieben hatte. Es konnte mit verfassungsändernder Mehrheit beseitigt werden. Doch darüber verfügten die Monarchisten natürlich noch weniger als über die Regierungsmehrheit. Aber die Verfassung bot andererseits Mittel, mit deren Anwendung die Monarchisten hoffen konnten, die volle Staatsgewalt zurückzugewinnen. Das waren die besonderen Vollmachten des Reichspräsidenten, und deswegen war es das erste Ziel der Monarchisten, den Demokraten dieses Amt zu entwinden[8].

Am 28. Februar 1925 starb der erste Reichspräsident Friedrich Ebert. Nachdem für den ersten Wahlgang nahezu alle Parteien eigene Kandidaten aufgestellt hatten, von denen keiner die erforderliche absolute Mehrheit der Stimmen erhielt, einigten sich die beiden großen Gruppen der deutschen Gesellschaft für den zweiten Wahlgang, in dem die relative Mehrheit genügte, auf je einen gemeinsamen Kandidaten. Die Demokraten benannten den Zentrumspolitiker Wilhelm Marx, die Monarchisten den Generalfeldmarschall Paul von Hindenburg. In kaum einer anderen Wahl kam das ungefähre Gleichgewicht der beiden führenden Klassen so genau zum Ausdruck. Am 26. April 1925 erhielt Hindenburg 14,7 Millionen Stimmen oder 48,3 Prozent, während auf Marx 13,8 Millionen Stimmen oder 45,3 Prozent entfielen.

Dies war ein knapper, aber sehr bedeutender Sieg der Monarchisten. Die Demokraten hatten ihren Stimmenanteil von 1924 ungefähr gehalten. Daß sie verloren, kann wiederum auf die Spaltung der Arbeiterbewegung zurückgeführt werden. Die Kommunisten hatten auch im zweiten Wahlgang einen eigenen Kandidaten aufgestellt, und dieser hatte 1,9 Millionen Stimmen oder 6,4 Prozent erhalten. Wären auch sie den Demokraten zugefallen, hätten diese den Präsidenten gestellt. Hindenburgs Sieg kann aber auch darauf zurückgeführt werden, daß die bayerische Schwesterpartei des Zentrums, die Bayerische Volkspartei (BVP), nicht den demokratischen, sondern den monarchistischen Kandidaten unterstützte. Diese eine Million Stimmen aus Bayern mag ihm zum Sieg verholfen haben[9].

Hindenburg war nicht nur in jeder Hinsicht der monarchistischen Gruppe zuzurechnen, er war in den letzten Kriegsjahren sogar ihr eigentlicher Führer gewesen. Mit seiner Wahl zum Reichspräsidenten erhielten die Bestrebungen der Monarchisten, im Rahmen der bestehenden Verfassung die Staatsgewalt wiederzuerlangen, erstmals eine reale Chance. Hindenburgs Absicht war von vornherein, die SPD möglichst nicht mehr an der Regierung zu beteiligen und statt ihrer die DNVP heranzuziehen. Schon bei der ersten Regierungskrise in seiner Amtszeit Ende 1925 erhielt er Vorschläge zur Bildung eines Beamtenkabinetts unter Anwendung des Artikels 48 und mit Drohung der Auflösung des Reichstags[10]. Die Kombination dieser beiden Vollmachten war ihm von Anfang an geläufig. Deswegen sprach er sich 1926 auch dagegen aus, das in der Verfassung vorgesehene Ausführungsgesetz zum Artikel 48 zu erlassen, weil es seine Macht beschränkt hätte, die Notstandsvollmachten beliebig anzuwenden[11].

Doch zunächst machte Hindenburg von seinen Vollmachten keinen Gebrauch, und bei der Reichstagswahl vom 20. Mai 1928 gewannen die Parteien der Weimarer Koalition fast die Mehrheit zurück. Sie erhielten 46,8 Prozent der abgegebenen Stimmen und 48,9 Prozent der Mandate im Reichstag. So konnten sie zwar wiederum die Regierung nicht allein bilden, aber ein Sozialdemokrat wurde Reichskanzler, und es gab, wenn der Trend anhielt, Aussichten, daß die Demokraten in den Besitz der Staatsgewalt zurückkehrten. Die Monarchisten dagegen sanken auf den zweitniedrigsten Stimmenstand seit 1871. Sie erhielten nur 22,9 Prozent der abgegebenen Stimmen.

Die Enttäuschung der Monarchisten über ihren Präsidenten, der in pragmatischer Bedächtigkeit die Dinge treiben ließ, nahm zu, und schließlich begann er, ihren immer drängenderen Einflüsterungen nachzugeben. Die Hoffnung auf eine baldige Wiederherstellung der Monarchie als Staatsform war zwar geringer geworden, aber der Kampf um die Staatsgewalt um so dringender, und natürlich war dies die eigentlich entscheidende Frage. Die DNVP hatte schon 1927 die Forderung nach Streichung des Artikels 54 der Verfassung, der die Regierung vom Vertrauen des Reichstags abhängig machte, in ihr Programm aufgenommen[12]. Damit wäre die Parlamentarisierung rückgängig gemacht und der wesentliche Kern der Verfassung von 1871 wiederhergestellt worden. Der DNVP-Vorsitzende Westarp forderte, der Reichspräsident solle wie einst der Kaiser das Recht erhalten, Kanzler und Minister nach eigenem Ermessen zu ernennen und zu entlassen, und er dürfe nicht in die Lage geraten, Gesetze zu verkünden, die er nicht billige[13]. Doch gab es für derartige Verfassungsreformen natürlich keine Mehrheit.

Deswegen entstanden nun verstärkt Pläne, die gleichen Ziele im Rahmen der bestehenden Verfassung zu erreichen. Es sollte ein auf die Notstandsvollmachten gegründetes Präsidialregime errichtet und der vermutlich widerstrebende Reichstag durch die Auflösungsvollmacht in Schach gehalten werden. Westarp erläuterte dem Präsidenten am 18. März 1929 dieses Verfahren, und Hindenburg sagte zu, bei der nächsten Regierungskrise nicht noch einmal nach dem „Brauch vorheriger Verhandlungen mit den Fraktionen" zu verfahren[14]. Die Gelegenheit zur Bildung eines solchen sogenannten Hindenburg-Kabinetts kam ein

Jahr später, als die Regierung am 27. März 1930 zurücktrat[15].

Der Reichspräsident bemühte sich plangemäß nicht, eine neue Mehrheitsregierung zu bilden, sondern berief schon am nächsten Tag den konservativen Zentrumspolitiker Heinrich Brüning zum Chef eines Minderheitskabinetts, das mit Hilfe der präsidialen Vollmachten regieren sollte. Brünings Endziel war, wie längst abgesprochen worden war, gleichfalls die Wiederherstellung der Monarchie[16].

Seine ersten Schritte entsprachen genau dem Plan. Als der Reichstag am 16. Juli eine Gesetzesvorlage Brünings ablehnte, wurde sie sofort in Form von zwei Verordnungen des Reichspräsidenten erlassen. Das war in dreierlei Hinsicht eine bemerkenswerte Neuerung. Erstens war keine erhebliche Störung oder Gefährdung der öffentlichen Sicherheit und Ordnung im Deutschen Reiche, wie der Artikel 48 den Notstand umschrieb, gegeben. Aber da das vorgesehene Ausführungsgesetz nicht erlassen worden war, bestimmte der Reichspräsident allein, wann er diese Voraussetzung für gegeben ansah. In Wahrheit hielt er sie nicht einmal selbst für gegeben, sondern benutzte seine Vollmacht für seine politischen Ziele. Das war allenfalls formal in Übereinstimmung mit der Verfassung, aber nicht in ihrem Sinne. Zweitens wurden jetzt zum erstenmal in der Weimarer Republik Verordnungen nach Artikel 48 erlassen, deren Inhalt und Wortlaut zuvor vom Reichstag im ordentlichen Verfahren abgelehnt worden war. Das war ganz bewußt eine Herausforderung des Parlaments und eine Beschneidung seiner Rechte. Drittens gewährte Hindenburg damit dieser Regierung seine Notstandsvollmachten, die er ihrer Vorgängerin verweigert hatte.

Verordnungen nach Artikel 48 bedurften, wie gesagt, nicht der Zustimmung des Reichstags, mußten ihm aber unverzüglich zur Kenntnis gegeben werden, und dieser konnte sie mit einfacher Mehrheit wiederaufheben. Das geschah am 18. Juli. Damit konnte die Regierung nicht mehr regieren. Dagegen verfügte der Reichspräsident bekanntlich über eine weitere Waffe. Er konnte nach Artikel 25 den Reichstag auflösen. Spätestens am 60. Tage nach der Auflösung mußte eine Neuwahl stattfinden. Hindenburg setzte diese Waffe, wie geplant und sogar angekündigt, unverzüglich ein. Er löste den Reichstag an jenem 18. Juli 1930 vorzeitig auf, nahm die Frist der sechzig Tage voll in Anspruch und setzte die Neuwahl auf den 14. September fest. So lange konnte sein Reichskanzler ungestört regieren, denn in der Zeit zwischen der Auflösung des alten und dem Zusammentritt des neuen Reichstags konnten Verordnungen nach Artikel 48 zwar erlassen, aber nicht aufgehoben werden. Es schien ein Weg gefunden, gegen die Mehrheit des Reichstags zu regieren, und er war planmäßig eingeleitet und beschritten worden, um am Ende die Monarchisten wieder an die Macht zu bringen[17].

Bei der zur Erreichung dieser Ziele vorzeitig und eigentlich ohne Not herbeigeführten Reichstagswahl vom 14. September 1930 errang die Partei Hitlers ihren ersten Durchbruch im Reich. Im Mai 1928 hatte sie nur 2,6 Prozent der Stimmen erhalten, und daran hätte sich, da die Legislaturperiode vier Jahre dauerte, bis 1932 nichts zu ändern brauchen. Doch nun stieg der Anteil der NSDAP auf 18,3 Prozent, die Zahl ihrer Wähler wuchs von 810 000 auf 6,4 Millionen, die Zahl der Mandate von zwölf auf 107. Das war der größte Erfolg, den je eine Partei in der deutschen Geschichte von einer Reichstagswahl zur anderen errang. Aber er kam keineswegs überraschend. Bei den Landtagswahlen des Jahres 1929 war der NSDAP-Anteil beständig von 3,3 Prozent im Januar auf 11,3 Prozent im Dezember gestiegen, und bei der Landtagswahl in Sachsen am 22. Juni 1930, also kurz vor der Reichstagsauflösung, hatte er 14,4 Prozent erreicht[18]. So gesehen war der Aufstieg kontinuierlich, vorhersehbar und vielfach vorhergesehen und jedenfalls viel weniger sensationell, als wenn man nur die Reichstagswahlergebnisse miteinander vergleicht.

Damit war Hitler zu einem Machtfaktor in der deutschen Politik geworden. Der Restaurationsversuch Hindenburgs und Brünings hatte einer ganz anderen Partei den Weg in den Reichstag geebnet. Zwischen die beiden um die Staatsgewalt konkurrierenden Gruppierungen der Monarchisten und der Demokraten schob sich eine neuartige Kraft.

Anders als die beiden älteren Gruppierungen war die Nationalsozialistische Deutsche Arbeiterpartei (NSDAP) erst 1919 entstanden und ein Produkt der Niederlage Deutschlands im Kriege. Das galt für die Parteigründer, ihre frühen Mitglieder und in besonderem Maße für jenen Mann, der nicht nur bald ihr Führer wurde, sondern umgekehrt die Partei zur Plattform seiner Karriere machte. Hitler war 1919 bereits dreißig Jahre alt und hatte sich zuvor für Politik nicht interessiert. Das ist ungewöhnlich und belegt, was er auch selbst immer wieder sagte, daß es die Niederlage im Kriege war, die ihn zu dem Beschluß geführt hatte, Politiker zu werden.

Inhaltlich stand die NSDAP in einer älteren nationalistischen, völkischen, antisemitischen und antisozialistischen Tradition. Hitler hatte aus diesen Bestandteilen seine höchst eigene Weltanschauung formuliert, die einen Eroberungskrieg und die Entfernung der Juden vorsah, aber in der Partei wenig Aufmerksamkeit fand und von 1930 an fast völlig verschwiegen wurde. Die Ziele der Partei waren durchaus unklar. Klar war nur, daß die demokratische Verfassung von 1919 und dazu der Parteienstaat überhaupt, wie er sich im 19. Jahrhundert herausgebildet hatte, beseitigt und an deren Stelle eine Diktatur gesetzt werden sollte, deren Ausgestaltung im einzelnen jedoch wiederum unklar blieb.

Die NSDAP war keine Partei wie die anderen, die sich die Vertretung der Interessen ihrer Mitglieder und Wähler oder bestimmter sozialer Schichten zur Aufgabe machten. Die NSDAP war vielmehr eine Bewegung, deren Anhänger einem charismatischen[19] Führer folgten, ohne genau wissen zu wollen, ob und wie dieser ihre Interessen vertrat. In dieser Partei gab es keine Beschlußorgane, die Aktionsprogramme aufstellten. Ihre Parteitage waren rein deklamatorische Veranstaltungen. Das Parteiprogramm galt seit 1920 als unabänderlich. Der Führer war seit 1921 »unabhängig von Majoritätsbeschlüssen«[20]. Er unterstand keiner Aufsicht von irgendwelchen Gremien, jedenfalls nicht in einem irgendwie geregelten Verfahren. Er forderte und erhielt bedingungslosen Gehorsam, und seine Anhänger nannten sich in sehr bezeichnender Weise auch seine Gefolgschaft.

1923 hatte Hitler zusammen mit einigen bayerischen Monarchisten, darunter Hindenburgs ehemaligem Mitarbeiter Ludendorff, versucht, die Staatsgewalt durch einen Putsch zu erobern, war jedoch gescheitert und bemühte sich seitdem, nach der Verbüßung einer kurzen Haftstrafe, die Staatsgewalt in Wahlen zu erringen. Dabei erzielte er am 14. September 1930 seinen ersten großen Erfolg.

Die größten Verlierer dieser Wahl waren die Parteien der Monarchisten, die DNVP und die DVP. Sie verloren zusammen drei Millionen Wähler. Ihr Stimmenanteil sank von 22,9 Prozent auf einen nie zuvor erreichten Tiefstand von 11,5 Prozent. Der Stimmenanteil der Demokraten sank von 46,8 auf 40,1 Prozent. Die SPD verlor 575 000 Wähler, die KPD gewann 1,3 Millionen hinzu. Man könnte also vermuten, daß die meisten NSDAP-Wähler aus den Kreisen der Monarchisten kamen. Indessen ist diese Vermutung nicht sicher, und zwar wegen der außerordentlich gestiegenen Wahlbeteiligung. 1930 gingen 4,2 Millionen Menschen mehr zur Wahl als 1928. Da nun die NSDAP 5,6 Millionen Wähler hinzugewann, muß der größte Teil von ihnen gar nicht von einer Partei zu einer anderen gewandert sein. Es können auch frühere Nichtwähler und Erstwähler gewesen sein, die der NSDAP zum Durchbruch verhalfen, und tatsächlich spricht viel für diese Vermutung.

Jedenfalls war die deutsche Parteienlandschaft gründlich verändert. Die NSDAP war weder für die Monarchisten noch gar für die Demokraten ein möglicher Koalitionspartner, schon allein deswegen nicht, weil sie die Staatsgewalt für sich allein beanspruchte. Gewiß stand sie den Monarchisten näher als den Demokraten, aber auch jene konnten sich mit ihr nicht verbinden, ohne ihren Anspruch auf die Staatsgewalt aufzugeben. Zudem waren auch die Ziele unvereinbar. Die KPD, die 13,1 Prozent der Stimmen erhalten hatte, war noch weniger koalitionsfähig als die NSDAP. Da die beiden koalitionsunfähigen Parteien zusammen einen Stimmenanteil von 31,4 Prozent hielten, war eine verfassungsmäßige Mehrheitsregierung nur noch in Form einer Koalition von Monarchisten und Demokraten möglich.

Genau das aber wollte Hindenburg nicht. Deswegen zögerte er keinen Augenblick, Brüning im Amt zu lassen. Die Regierung beruhte weiterhin auf der Kombination von drei präsidialen Vollmachten, nämlich dem Recht nach Artikel 53, den Reichskanzler zu ernennen und zu entlassen, der Verordnungsvollmacht nach Artikel 48 und der Androhung einer abermaligen Reichstagsauflösung nach Artikel 25. Indessen war diese Machtgrundlage unsicher und zumal für längere Zeit nicht dauerhaft. Denn die Reichstagsmehrheit, so uneinig und koalitionsunfähig sie untereinander war, konnte jederzeit die Verordnungen aufheben oder dem Reichskanzler das Vertrauen entziehen[21]. In diesem Falle mußte der Reichskanzler nach Artikel 54 zurücktreten, und vor einer solchen Absetzung konnte ihn auch der mächtige Reichspräsident nicht bewahren.

Aus gewissen Gründen verzichtete die Reichstagsmehrheit, an ihrer Spitze die SPD als stärkste Partei, darauf, Brüning zu stürzen[22]. Sie tolerierte ihn, wie man den Vorgang nannte. Da Brüning auf diese Tolerierung angewiesen war, mußte er dafür gelegentlich Zugeständnisse machen, und so war die SPD entgegen Hindenburgs Wünschen von der Staatsgewalt immer noch nicht ganz ausgeschlossen, sondern in indirekter Weise daran beteiligt, zumal da sie auch immer noch eine Regierung der Weimarer Koalition in Preußen anführte und dadurch gleichfalls Staatsgewalt ausübte.

Im Frühjahr 1932 lief die erste Amtsperiode Hindenburgs aus. Brüning erwog nun zunächst, die Präsidentschaft in eine Regentschaft für einen der Söhne des Kronprinzen umzuwandeln[23]. Als er dafür keine Zustimmung fand, versuchte er, die Amtszeit Hindenburgs auf dem Wege einer Verfassungsänderung zu verlängern[24]. Als auch das gescheitert war, mußten Neuwahlen ausgeschrieben werden. Jetzt offenbarte sich das ganze Dilemma, in das die Politik der vergangenen zwei Jahre geführt hatte. Große Teile der Monarchisten, nämlich die DNVP und die Frontkämpferorganisation Stahlhelm, waren in ihrer Enttäuschung über den gemäßigten Kurs Brünings nicht mehr bereit, Hindenburg zu wählen und stellten einen Gegenkandidaten auf. Außerdem kandidierten der Kommunist Ernst Thälmann und Hitler[25]. Um dessen Wahl zu verhindern, unterstützten die Demokraten, voran die SPD, Hindenburg. So wurde er schließlich im zweiten Wahlgang am 10. April 1932 mit 53,0 Prozent der Stimmen wiedergewählt. Hitler erhielt 36,8, Thälmann 10,2 Prozent. Der monarchistische Kandidat, der Stahlhelm-Führer Theodor Duesterberg, der im ersten Wahlgang 6,8 Prozent der Stimmen erhalten hatte, hatte verzichtet.

Die Fronten hatten sich auf eine geradezu absurde Weise verkehrt. Der Versuch Hindenburgs, die Sozialdemokraten auszuschalten, hatte unter Brüning zu einer Abhängigkeit von ihnen geführt und dies zu einer Spaltung des monarchistischen Lagers. Um sich aus dieser mißlichen Lage zu befreien, entließ Hindenburg am 30. Mai 1932 Brüning[26] und ernannte am 1. Juni den offen reaktionären Zentrumspolitiker Franz von Papen[27] zum Reichskanzler. Der eigentliche Kopf der neuen Regierung war der General Kurt von Schleicher, der Hindenburg seit langem beriet und nun Reichswehrminister wurde[28]. Die Ziele waren noch stärker und überlegter als bisher auf die Wiederherstellung des konstitutionellen Regierungssystems gerichtet, das den Monarchisten vor 1918 die Ausübung der Staatsgewalt ohne Rücksicht auf die Mehrheitsverhältnisse gestattet hatte[29]. Die Tolerierungsmehrheit Brünings wurde ohne Not preisgegeben. Die neue Regierung sollte nach dem Plan Schleichers statt von der SPD von der NSDAP toleriert werden. Hitler sagte das zu, forderte dafür aber Wahlen.

So wurde der Reichstag am 4. Juni 1932 abermals vorzeitig aufgelöst und die Neuwahl wieder auf den letztmöglichen Termin festgesetzt. Bis zum 31. Juli konnte Papen somit 57 Tage lang ungestört regieren. Er nutzte diese Zeit vor allem, um dem Ziel einer Verfassungsreform näherzukommen. Vor 1918 war die Reichsregierung und diejenige Preußens fast immer in einer Hand gewesen. Seitdem wurde dieses weitaus größte Land des Reiches von einer sozialdemokratisch geführten Weimarer Koalition regiert. Am 20. Juli 1932 ließ Papen diese Regierung mit einer Verordnung nach Artikel 48 absetzen. Der Reichstag hatte, da er aufgelöst war, keine Einspruchsmöglichkeit. Der Reichskanzler übernahm wieder wie im Kaiserreich das Amt des preußischen Ministerpräsidenten[30]. Damit vergrößerten die Monarchisten ihre Verfügungsgewalt über den Staatsapparat und schalteten die Demokraten fast vollständig von der Teilhabe an der Staatsgewalt aus.

Bei der Reichstagswahl vom 31. Juli 1932 wurde die NSDAP zur stärksten Partei. Ihr Stimmenanteil erreichte 37,3 Prozent[31]. Das war zwar nicht die Mehrheit, aber gegenüber der vorigen Reichstagswahl noch einmal mehr als eine Verdoppelung. Die Zahl der NSDAP-Abgeordneten stieg von 107 auf 230. Sie bildeten damit die stärkste Fraktion und stellten den Reichstagspräsidenten. Die NSDAP war nun stärker als die drei Parteien der Weimarer Koalition, die auf einen Stimmenanteil von 35,1 Prozent absanken. Wie im September 1930 war auch dieser Wahlerfolg vorhersehbar gewesen. Bei der Landtagswahl vom 24. April in Preußen, bei der fast zwei Drittel aller deutschen Wähler stimmberechtigt gewesen waren, hatte die NSDAP einen Stimmenanteil von 36,3 Prozent erzielt[32].

Die Juliwahl des Jahres 1932 erlaubt eher Rückschlüsse auf die Herkunft der NSDAP-Wähler als die Septemberwahl von 1930. Da die Zahl der Wähler insgesamt diesmal nur um 1,9 Millionen, die der NSDAP-Wähler aber um 7,4 Millionen stieg, müssen nun die meisten ihrer neuen Wähler von anderen Parteien gekommen sein. Die größten Verlierer waren wiederum die Monarchisten. Ihr Stimmenanteil fiel auf 7,1 Prozent. Die DNVP und die DVP verloren noch einmal 1,4 Millionen Wähler. Die agrarischen und kleineren Rechtsparteien, die 1930 noch dazugewonnen hatten, verloren 1,8 Millionen. Die Wirtschaftspartei, die sich 1930 gut gehalten hatte, verlor 1,2 Millionen. Auch die Staatspartei, die aus der DDP hervorgegangen war, aber kaum noch zum Lager der Demokraten gehörte, verlor fast eine Million. Das waren zusammen über 5,3 Millionen. Rechnet man die 1,9 Millionen Neuwähler hinzu, dann kommt man auf über 7,2 Millionen, und das entspricht ziemlich genau den 7,4 Millionen, die die NSDAP gewählt hatten.

Bei den Arbeiterparteien gab es keine so großen Veränderungen. Die SPD verlor von ihren 8,6 Millionen Wählern 615 532, die KPD gewann 692 466 hinzu. Obwohl man auch hier Wanderungen zur NSDAP nicht ausschließen kann, liegt nach diesen Zahlen die Vermutung doch näher, daß die Verluste der SPD eher der KPD zugute gekommen waren. Im übrigen verbietet schon die Größenordnung, hier die Quelle des Zuwachses der NSDAP zu suchen. So gelangt man wieder zu dem Schluß, daß er hauptsächlich aus dem bürgerlich-monarchistischen Lager gekommen sein dürfte. Das wird durch wahlgeographische Untersuchungen bestätigt[33]. Sie zeigen, daß die NSDAP mehr von den besitzenden und unter ihnen sogar eher von den wohlhabenderen Schichten gewählt wurde als von Arbeitern oder Arbeitslosen[34].

Während schon diese Aussagen nicht ganz gesichert sind, ist es nahezu unmöglich, die Motive der NSDAP-Wähler einigermaßen zuverlässig zu ermitteln[35]. Da die Partei keine klaren Ziele angab, kann man annehmen, daß auch die Motive der Wähler unklar waren. Sie könnten in dem Bewußtsein einer Krise gelegen haben, die im Rahmen der bestehenden Ordnung nicht lösbar schien. Das könnte die Staatskrise gewesen sein, in die der unentschiedene Kampf um die Staatsgewalt geführt hatte, und die Weltwirtschaftskrise, die sich nun voll in Deutschland auswirkte. Das Krisenbewußtsein könnte durch das Trauma der unverstandenen Niederlage im Kriege und die Angst vor dem Kommunismus[36] gesteigert worden sein. Es bleibt jedoch zu beachten, daß noch immer zwei Drittel aller deutschen Wähler nicht für die NSDAP stimmten. Der Kampf um die Staatsgewalt war nach wie vor unentschieden.

Nach seinem Wahlerfolg vom 31. Juli 1932 weigerte sich Hitler, die Regierung Papen zu tolerieren oder sich an ihr zu beteiligen. Er verlangte vielmehr »die Staatsführung in vollem Umfange für sich und seine Partei«[37]. Dies lehnte Hindenburg am 13. August mit Bestimmtheit ab. »Er könne es vor Gott, seinem Gewissen und dem Vaterlande nicht verantworten, einer Partei die gesamte Regierungsgewalt zu übertragen, noch dazu einer Partei, die einseitig gegen Andersdenkende eingestellt wäre.«[38] Damit war Papen ohne jede Mehrheit. Er hatte noch eine Atempause, weil der Reichstag nach Artikel 23 der Verfassung erst am dreißigsten Tage nach der Wahl zusammentreten mußte. Das war am 30. August. Doch dann mußte Papen ein Mißtrauensvotum und damit seine Absetzung gewärtigen.

Wenn Hindenburg seinen Reichskanzler davor bewahren wollte, hatte er zwei Möglichkeiten. Erstens konnte er den Reichstag sofort wieder auflösen. Dann hätte Papen wieder drei Monate Zeit gewonnen, nämlich sechzig Tage bis zur Wahl und dreißig bis zum Zusammentritt des neuen Reichstags. Zweitens konnte Hindenburg Papens Vorschlag folgen und den Reichstag unter Verschiebung der Neuwahlen um einige Monate über die verfassungsmäßige Frist hinaus auflösen. Das wäre ein offener Verfassungsbruch gewesen. Gleichwohl stimmte Hindenburg am 30. August zu und erteilte Papen eine entsprechende Vollmacht[39].

Die Regierung hätte nun ihre Pläne einer Verfassungsreform ausführen können, obwohl die Widerstände beträchtlich gewesen wären. Aber Papen zögerte, und am 12. September entzog ihm der Reichstag mit 512 Stimmen gegen 42 der DNVP und der DVP bei fünf Enthaltungen das Vertrauen. Damit wäre der Kanzler abgesetzt gewesen, wenn nicht unmittelbar zuvor oder danach (das blieb in der stürmischen Sitzung umstritten) der Reichstag abermals aufgelöst worden wäre.

Der Plan einer Verschiebung der Neuwahlen wurde nun aufgegeben. Hindenburg wahrte die verfassungsmäßige Frist und setzte den Termin auf den 6. November fest. Wieder gewann Papen 55 Tage Zeit. Im Wahlkampf kam es zu scharfen Gegensätzen und schweren Zerwürfnissen zwischen ihm und Hitler. Bei der Wahl erlitt die NSDAP erstmals eine Niederlage. Ihr Stimmenanteil sank von 37,3 auf 33,1 Prozent, die Zahl ihrer Wähler um zwei Millionen, die ihrer Abgeordneten von 230 auf 196. Aber auch die Wahlbeteiligung war stark zurückgegangen, und an der Zusammensetzung des Reichstags änderte sich wenig. Papen war nach wie vor ohne jede Mehrheit.

Wieder verlangte Hitler die Kanzlerschaft für sich, und wieder lehnte Hindenburg ab. Er sah die Gefahren ziemlich klar. Am 24. November ließ er ihm mitteilen, er könne ihm seine präsidialen Vollmachten nicht geben, weil er befürchten müsse, daß ein von Hitler »geführtes Präsidialkabinett sich zwangsläufig zu einer Parteidiktatur mit allen ihren Folgen für eine außerordentliche Verschärfung der Gegensätze im deutschen Volke entwickeln würde«[40].

Nun stand, dreißig Tage nach der Wahl, der Zusammentritt des neuen Reichstags am 6. Dezember bevor. Papen mußte, wenn er wieder als Reichskanzler antreten würde[41], wieder mit dem Entzug des Vertrauens und seiner Absetzung rechnen, und Hindenburg hatte wie im August wieder zwei Möglichkeiten, ihn davor zu bewahren. Die verfassungsmäßige Reichstagsauflösung wurde nicht erneut erwogen. Dieses Mittel war abgenutzt und versprach keinen Ausweg aus der Krise. So machte Papen am 1. Dezember erneut den Vorschlag, die Neuwahlen zu verschieben, und Hindenburg gab ihm erneut die entsprechende Vollmacht[42].

Es war das Kabinett, das am folgenden Tage vor dem Schritt in den Verfassungsbruch zurückschreckte. Natürlich war er voller Risiken und konnte einen Bürgerkrieg auslösen. Schleicher hatte eine Studie veranlaßt, die zu dem Ergebnis kam, daß die Reichswehr und die Polizei des möglicherweise zu erwartenden Aufruhrs nicht Herr werden könnten. Daraufhin gab Papen die Vollmacht Hindenburgs zurück, und dieser ernannte am 3. Dezember Schleicher zum Reichskanzler.

Schleicher, seit langem der Stratege der konservativen Restauration, setzte diesen Kurs fort, aber mit anderen Methoden. Brüning hatte sich mit Erfolg von der SPD tolerieren lassen, Papen hatte ohne Erfolg eine Zusammenarbeit mit der NSDAP angestrebt. Schleicher versuchte nun gewissermaßen beides zugleich, indem er sich einerseits den Gewerkschaften nähern und andererseits jedenfalls mit einem Flügel der NSDAP zusammenarbeiten wollte. Sein Ziel war eigentlich nur noch, den Staatsapparat den Monarchisten zu erhalten und ihn nicht Hitler überlassen zu müssen. Sein Hauptproblem aber war, seinen Sturz durch die Reichstagsmehrheit zu verhindern.

Der neue Reichstag verzichtete darauf, Schleicher sofort das Vertrauen zu entziehen. Er vertagte sich über Weihnachten. Schleicher konnte vorerst regieren[43]. Doch irgendwann würden der Reichstagspräsident und der Ältestenrat den Reichstag wieder einberufen. Nach einer abermaligen Vertagung entschieden sie sich für Dienstag, den 31. Januar

1933. Dann war Schleichers Frist, da seine Querfront-Taktik gescheitert war, abgelaufen, und Hindenburg stand wieder vor den gleichen Entscheidungen. Er verweigerte Schleicher die Vollmachten, die er Papen gewährt hatte, und daraufhin trat der Kanzler am Samstag, dem 28. Januar zurück.

Inzwischen nämlich zeichnete sich eine neue Lösungsmöglichkeit ab. Papen hatte sogleich nach seiner Entlassung den Versuch eingeleitet, eine andere Regierung zu bilden. Er wußte, daß Hindenburg die Übertragung der vollen Regierungsgewalt an Hitler ablehnte, und daß Hitler darauf bestand, Reichskanzler zu werden. Also versuchte Papen eine Vermittlung. Sein Plan war, Hitler zwar Reichskanzler werden zu lassen, ihn aber »einzuzäunen«, seine Macht in der Regierung so einzuschränken, daß die Richtlinien der Politik weiterhin von den Monarchisten bestimmt werden konnten.

Tatsächlich gelang es Papen, eine solche Koalition zu bilden. Hitler verminderte, wohl unter dem Eindruck seiner Wahlniederlage vom November und von Schwierigkeiten innerhalb der NSDAP, seine Ansprüche. Außer ihm selbst traten nur zwei Nationalsozialisten in die Regierung ein. Papen wurde Vizekanzler sowie Reichskommissar für Preußen und sollte bei allen Vorträgen des Reichskanzlers beim Reichspräsidenten zugegen sein. Die DNVP war für eine Beteiligung an der Regierung gewonnen worden. Sie stellte zwei Minister, und einer von ihnen, der Parteivorsitzende Alfred Hugenberg, erhielt als Wirtschafts- und Ernährungsminister eine besonders starke Position. Die übrigen Minister waren formal parteilos, aber zumeist Monarchisten aus dem früheren Kabinett Papens. Schließlich durfte Hindenburg vor der Ernennung Hitlers einen Reichswehrminister seiner Wahl ernennen, damit die Streitkräfte ganz in seiner

Hand blieben. Hitler wurde zwar Reichskanzler, schien aber durchaus in der Kontrolle der Monarchisten, und es bestand Aussicht, ihn nach einer Übergangszeit beiseiteschieben zu können[44].

Hindenburg überwand gleichwohl seine Abneigung und seine Bedenken nur schwer. Noch am 26. Januar 1933 sagte er in einer Besprechung: »Sie werden mir doch nicht zutrauen, meine Herren, daß ich diesen österreichischen Gefreiten zum Reichskanzler mache.«[45] Doch schließlich beugte er sich den Argumenten und Überredungen seiner Umgebung. Resignierend sagte er am 28. Januar: »Dann habe ich also ... die unangenehme Pflicht, diesen Hitler als Kanzler zu berufen?«[46] Auch die übrigen Monarchisten gingen das Bündnis mit Hitler nur ungern und notgedrungen ein. Papen hatte sich nach dem Streit des vergangenen Sommers nur mühsam ausgesöhnt. Hugenberg, der schon 1929 mit Hitler paktiert hatte, war seitdem skeptisch und sollte seinen Eintritt in die Regierung bald bereuen[47]. Die Ziele und die Interessen waren weithin nicht nur grundverschieden, sondern geradezu gegensätzlich.

Der 1930 eingeleitete Kurs der monarchistischen Restauration hatte in die Unregierbarkeit des Staates geführt. Er hatte nie ein realistisches Konzept gehabt, sondern war nur der verzweifelte Versuch einer absteigenden Klasse, die verlorene Staatsgewalt zurückzugewinnen. Zum entschlossenen Verfassungsbruch hatte der Mut gefehlt. Eine Zusammenarbeit mit den Demokraten, die immerhin seit der Novemberwahl wieder einen höheren Stimmenanteil als die NSDAP hatten[48], kam auch in der Krise nicht in Betracht. So sahen die führenden Monarchisten keinen anderen Ausweg mehr, als Hitler in ihre Dienste zu nehmen.

Die neue Regierung verfügte zwar auch nicht über die Mehrheit im Reichstag, aber ihr fehlten nur 35 Mandate dazu. Das sollte für eine Tolerierung ausreichen. Hitler aber forderte Neuwahlen. Dem widersetzte sich Hugenberg, weil er befürchtete, die NSDAP könne die Mehrheit gewinnen. Er gab auch dann nicht nach, als Hitler versprach, die Zusammensetzung der Regierung nicht zu verändern, wie immer die Wahlen ausfallen sollten. Erst nach der Ernennung überredete Papen den Reichspräsidenten, die Auflösungsvollmacht zu erteilen. Hitler beabsichtigte ohnehin nicht, mit parlamentarischer Mehrheit zu regieren. Er wollte sich durchaus der präsidialen Vollmachten bedienen. Im übrigen stellte er in Aussicht, sich auf verfassungsmäßigem Wege mit verfassungsändernder Mehrheit ein Ermächtigungsgesetz zu verschaffen, mit dem die Gesetzgebung vom Parlament auf die Regierung übertragen werden würde. In der Regierung aber waren die Monarchisten in der Mehrheit und konnten daher Hitler entweder in ihrem Sinne zur Zusammenarbeit bewegen oder ihn verdrängen. Nach Möglichkeit würden sie erst das eine und dann das andere tun.

Mit diesen Überlegungen ernannte Hindenburg am Montag, dem 30. Januar 1933 Hitler zum Reichskanzler[49].

2. Kapitel

Der Weg zur Herrschaft

Mit seiner Ernennung zum Reichskanzler am 30. Januar 1933 war Hitler noch nicht im Besitz der Staatsgewalt. Er teilte sie mit dem Reichspräsidenten und der Reichsregierung. Nur im Einvernehmen mit ihnen konnte er dem Staatsapparat Weisungen erteilen. Auch der Reichstag und die Reichsländer hatten noch einen Anteil an der Staatsgewalt.

Sowohl im Reichstag wie in der Reichsregierung war Hitler in der Minderheit. Im Reichstag verfügte er über 196 von 584 Mandaten, in der Regierung über drei von elf Ministerstimmen. Er war Chef eines Präsidialkabinetts und insofern vom Vertrauen des Reichspräsidenten abhängig. Nur dieser konnte Verordnungen nach Artikel 48 erlassen, und nur mit solchen Verordnungen konnte Hitler regieren. Der Reichstag konnte ihm das Mißtrauen aussprechen und ihn damit absetzen. Begreiflicherweise herrschte im In- und Ausland der Eindruck vor, der eigentlich starke Mann dieser Regierung sei Papen, und Hitler habe keinen Raum für die Befriedigung diktatorischer Gelüste[1].

Die Regierung war eine Koalition aus Monarchisten und Nationalsozialisten, und dieser Umstand machte Hitlers Stellung noch prekärer. Denn seine Partner waren im Grunde seine Rivalen. Sie wollten ihm nicht nur keinesfalls die gesamte Staatsgewalt überlassen. Sie hatten auch andere Ziele und vertraten andere Interessen als er und seine Anhänger. Sie wollten nicht das, was er wollte. Nur in der Absicht, die demokratisch-parlamentarische Regierungsform zu beseitigen, stimmten sie mit ihm überein. Danach erstrebten sie die Wiederherstellung der monarchisch-konstitutionellen Regierungsform der Vorkriegszeit. Sie hatten sich mit Hitler verbunden, weil er über eine Anhängerschaft gebot, mit der sie den Staat aus der Unregierbarkeit hinausführen zu können hofften, in die ihre Politik geführt hatte. Sie wollten Hitler für ihre Zwecke benutzen und ihn so bald wie möglich wieder loswerden.

Hitler verdankte seine Ernennung zuerst seinen Anhängern in der NSDAP und seinen Wählern. Sie hatten ihn zu einem Machtfaktor in der deutschen Politik gemacht. Da sie aber nur ein Drittel der Nation vertraten, waren sie nicht stark genug gewesen, ihn an die Macht zu bringen. Hätten sie die Mehrheit erlangt, hätte er mit ihnen eine Regierung bilden können, und Hindenburg hätte ihn zum Kanzler einer Mehrheitsregierung ernannt. Aber sie hatten nicht die Mehrheit. Deswegen verdankte Hitler seine Ernennung zweitens seinen Koalitionspartnern. Sie hatten Hindenburg bewogen, ihn zu ernennen, weil er ihnen die Möglichkeit zu regieren verschaffen sollte, die sie aus eigener Kraft nicht mehr hatten. Aber er hatte sie aus eigener Kraft auch nicht. Er verdankte sie einerseits seinen Anhängern und andererseits seinen Partnern.

Aus diesem Grunde befand sich Hitler in einer ungewöhnlichen und prekären Lage. In der Regel wird ein Herrscher oder wird eine Führungsgruppe von einer Gruppierung getragen, die ein gemeinsames Interesse hat und gleiche oder ähnliche Ziele verfolgt. Das kann eine Klasse sein oder eine Partei oder auch eine Koalition. Hitler dagegen wurde von zwei Gruppierungen getragen, von denen jede nicht nur lieber allein regiert hätte, es aber nicht konnte, sondern deren Interessen und Ziele in vielem geradezu entgegengesetzt waren. Es war kein Zufall, sondern entsprach dieser Tatsache, daß der Regierungsbildung keinerlei Sachgespräche über ein Regierungsprogramm vorausgegangen waren. Es gab nur über den Weg, das Parlament vorübergehend zu entmachten und die Verfassung zu reformieren, eine Übereinstimmung, nicht aber über das Ziel, die Frage nämlich, welche Gestalt die künftige Verfassung haben sollte.

Wer eine derartige Regierung führt, die aus zwei gegensätzlichen Gruppierungen besteht, ist in Gefahr, eine von ihnen oder sogar beide zu enttäuschen und so ihre Unterstützung zu verlieren. Um das zu vermeiden, muß er sie beide befriedigen, und da das vollständig nicht möglich ist, muß er zwischen ihnen lavieren und sie gegeneinander ausspielen. Das erfordert eine besondere Regierungskunst und hat, mit Erfolg betrieben, eine besondere Regierungsform zur Folge, die zu einer mehr oder minder großen Unabhängigkeit des Herrschers von beiden Gruppierungen führt[2].

Sein erstes und schwierigstes Problem aber ist, überhaupt an der Macht zu bleiben. Das galt auch für Hitler und wird nur deswegen meist übersehen, weil man es im Rückblick für selbstverständlich hält, daß er bis 1945 an der Macht blieb. Zumindest am Anfang war dies jedoch keineswegs selbstverständlich, und Hitler war sich dessen bewußt. Es gibt viele Anzeichen dafür, daß er seine prekäre Lage erkannte und auch später immer in Angst war, gestürzt zu werden. Um so entschlossener waren er und seine Anhänger, sich die Macht, die sie am 30. Januar 1933 erhalten hatten, unter keinen Umständen wieder entwinden zu lassen[3]. So lange wie möglich würden sie sich dabei an die vorgeschriebenen Regeln halten, wenn nötig aber auch Terror und revolutionäre Gewalt anwenden.

Hitler bemühte sich nicht, eine Mehrheitsregierung zu bilden, was mit dem Zentrum rechnerisch und vielleicht auch politisch möglich gewesen wäre. Er bemühte sich auch nicht um eine Tolerierungsmehrheit, die er wohl hätte bekommen können. Beides jedoch hätte zu einer Beruhigung der Lage geführt, und das war nicht in seinem Sinne. Er wollte statt dessen Neuwahlen. Die Monarchisten im Kabinett, Hugenberg und Papen, waren in dieser Frage uneinig, und so konnte Hitler sich durchsetzen[4]. Am 1. Februar löste Hindenburg den Reichstag auf. Damit waren mögliche Einsprüche von dieser Seite zunächst vereitelt. Einer der vielen Widerstände war ausgeschaltet. Diesmal wurde die Frist der sechzig Tage nicht in Anspruch genommen, sondern der Wahltag schon auf den 5. März festgesetzt. Hitler wollte das Eisen der erregten öffentlichen Meinung schmieden, solange es heiß war.

Im übrigen war ihm der Vorteil, im Wahlkampf seine Macht festigen und erweitern zu können, wichtiger als das Wahlergebnis. Er hatte ja nicht die Absicht, mit Mehrheit zu regieren. Aber er ging sehr behutsam vor. Als der monarchistische Finanzminister der nationalsozialistischen Forderung widersprach, eine Million Reichsmark für Wahlpropaganda zur Verfügung zu stellen, gab Hitler sofort nach[5]. Sehr zurückhaltend äußerte er sich auch zu dem nationalsozialistischen Vorschlag, eine Verordnung zu erlassen, mit der unter anderem Zeitungen und Versammlungen verboten, bestimmte Personen in sogenannte Schutzhaft genommen, also gegnerische Parteien im Wahlkampf behindert werden konnten. Doch diesmal widersetzten sich die Monarchisten nicht. Der Vorschlag ging nämlich auf einen Entwurf zurück, den die Regierung Papen vor der Wahl vom November 1932 vorbereitet, aber nicht verabschiedet hatte, und es war Hitler, der eine gewisse Mäßigung durchsetzte[6].

Am 4. Februar unterzeichnete Hindenburg die »Verordnung zum Schutze des deutschen Volkes«, mit der jetzt erstmals Grundrechte der Verfassung aufgehoben wurden.

Der nächste Schlag ging überhaupt von den Monarchisten aus. Er richtete sich gegen Preußen. Der Staatsgerichtshof hatte am 25. Oktober 1932 Papens Verordnung vom 20. Juli weithin aufgehoben, die preußische Regierung wiedereingesetzt, ihre Hauptfunktionen jedoch gleichwohl dem Reichskommissar überlassen[7]. Seitdem bestand die Regierung des sozialdemokratischen Ministerpräsidenten Braun neben dem Regime des Reichskommissars. Reichskommissar war seit dem 30. Januar 1933 wieder Papen, kommissarischer Innenminister der nationalsozialistische Reichsminister Hermann Göring. Papen drängte nun auf die abermalige Beseitigung der Regierung Braun und erreichte, daß Hindenburg am 6. Februar eine entsprechende »Verordnung zur Herstellung geordneter Regierungsverhältnisse in Preußen« erließ[8]. Damit wurde Preußen erneut und diesmal unter Bruch des Urteils des Staatsgerichtshofes der Reichsgewalt unterstellt, die Regierung Braun abgesetzt, der preußische Landtag aufgelöst, und vor allem erhielt Göring nun die volle Verfügungsgewalt über die preußische Polizei. Am 22. Februar verstärkte er sie durch eine Hilfspolizei, die hauptsächlich aus Mitgliedern der Kampfverbände der NSDAP bestand und die politischen Gegner terroristisch verfolgte[9].

Am Abend des 27. Februar, fünf Tage vor der Wahl, brannte das Reichstagsgebäude[10]. Hitler beschuldigte sofort die Kommunisten der Brandstiftung und sagte, »der psychologisch richtige Moment für die Auseinandersetzung sei nunmehr gekommen«, der Kampf »dürfe nicht von juristischen Erwägungen abhängig gemacht werden«[11]. Göring hatte schon in der Nacht ein Verbot der kommunistischen und auch der sozialdemokratischen Presse sowie die Verhaftung aller greifbaren Abgeordneten und Funktionäre der KPD angeordnet[12]. In den nächsten Tagen wurden in Preußen Tausende in sogenannte Schutzhaft genommen und zum Teil schwer mißhandelt[13].

Am Nachmittag des 28. Februar verabschiedete das Kabinett den Entwurf einer »Verordnung zum Schutz von Volk und Staat«, die Hindenburg noch am selben Tage unterzeichnete. Mit dieser sogenannten Reichstagsbrandverordnung wurden alle nach Artikel 48 der Verfassung »vorübergehend« aufhebbaren Grundrechte »bis auf weiteres außer Kraft gesetzt«. Im ersten Paragraphen wurde dies ausführlich dargelegt: »Es sind daher Beschränkungen der persönlichen Freiheit, des Rechts der freien Meinungsäußerung, einschließlich der Pressefreiheit, des Vereins- und Versammlungsrechts, Eingriffe in das Brief-, Post-, Telegraphen- und Fernsprechgeheimnis, Anordnungen von Haussuchungen und von Beschlagnahmen sowie Beschränkungen des Eigentums auch außerhalb der sonst hierfür bestimmten gesetzlichen Grenzen zulässig.«[14] Damit war der Rechtsstaat beseitigt. Da diese Verordnung niemals wieder aufgehoben wurde, bildete sie die eine formale Rechtsgrundlage von Hitlers Herrschaft.

Im zweiten Paragraphen hatte der Entwurf vorgesehen, daß der Reichsinnenminister, der ein Nationalsozialist war, die Befugnisse der Länder vorübergehend wahrnehmen konnte, wenn »in einem Lande die zur Wiederherstellung der öffentlichen Sicherheit und Ordnung nötigen Maßnahmen nicht getroffen« würden. Während die Monarchisten gegen die Beseitigung der Grundrechte keine Einsprüche erhoben hatten, äußerte Papen gegen diese Vorschrift Bedenken, da sie »den Widerstand vor allem der süddeutschen Länder hervorrufen werde«, die in der Tat seit der Beseitigung der preußischen Regierung äußerst besorgt waren. Doch diesmal gab Hitler nicht nach. Die Vollmacht wurde lediglich etwas eingeschränkt und allerdings nicht dem Innenminister, sondern der Reichsregierung insgesamt übertragen[15]. Damit standen die Länder dem Zugriff des Reiches offen.

Mit der Reichstagsbrandverordnung hatte der Reichspräsident übrigens alle seine Vollmachten nach Artikel 48 außer dem Verordnungsrecht und der Verfügung über die Reichswehr auf die Reichsregierung übertragen. Hitler brauchte ihn nun fast nicht mehr, und die Monarchisten hatten sich dieser Stütze freiwillig begeben. Hindenburg schien ganz erleichtert, keine Entscheidungen mehr treffen zu müssen, und fand sogar Gefallen an Hitler. Als der besorgte bayerische Finanzminister ihm am 17. Februar sagte, Hitler strebe danach, »sich mit Gewalt in den Besitz der gesamten Macht zu setzen«, verteidigte Hindenburg seinen Kanzler »nachdrücklichst« und erklärte, er »habe Herrn Hitler – nach anfänglichem Zögern – als einen Mann von ehrlichstem nationalen Wollen kennengelernt und sei nun froh, daß der Führer dieser großen Bewegung mit ihm und anderen Gruppen der Rechten zusammenarbeite«[16].

Trotz der massiven Vorteile, die sie sich verschafft hatten, errangen die Nationalsozialisten bei der Reichstagswahl vom 5. März 1933 nur einen Anteil von 43,9 Prozent der abgegebenen Stimmen. Noch immer stimmte die Mehrheit der deutschen Wähler nicht für Hitler. Die Monarchisten, die als »Kampffront Schwarz-Weiß-Rot« in den Wahlkampf gegangen waren, erhielten 8,0 Prozent. Freilich war ihr Zusammenschluß nur unvollkommen gelungen. Die DVP hatte sich nicht angeschlossen und erhielt 1,1 Prozent. Die Demokraten der Weimarer Koalition machten mit einem Stimmenanteil von 30,4 Prozent noch immer fast ein

Drittel der Wählerschaft aus. Die besonders brutal verfolgte KPD gewann 12,3 Prozent der Stimmen[17].

Im Reichstag besetzte die NSDAP 288 von 647 Sitzen. Erst mit den 52 Abgeordneten der Monarchisten hatte die Regierung eine knappe Mehrheit von 16 Mandaten. Aber darauf kam es Hitler nicht an. »Wenn die Wahl nicht entscheidet«, hatte er schon am 20. Februar vor Industriellen erklärt, »muß die Entscheidung eben auf einem anderen Wege fallen.«[18] Obwohl er vor der Wahl versprochen hatte, die Zusammensetzung der Regierung nicht zu ändern, forderte er schon in der ersten Kabinettssitzung nach der Wahl, »damit keine politische Lethargie aufkomme«, eine Zentralstelle für Volksaufklärung und am 11. März die Errichtung eines Reichsministeriums für Volksaufklärung und Propaganda. Niemand erinnerte ihn an sein Versprechen. Nur Hugenberg bat um Vertagung auf die nächste Kabinettssitzung, weil er »die Tragweite dieser Einrichtung« noch überdenken müsse. Indessen ließ er sich überreden, das Kabinett stimmte zu, und am 13. März wurde Joseph Goebbels zum vierten nationalsozialistischen Mitglied der Reichsregierung ernannt[19].

Im übrigen jedoch kam Hitler seinen Koalitionspartnern weit entgegen. Schon am Tag nach dem Reichstagsbrand hatte er als Ort für den Zusammentritt des neuen Reichstags das königliche Stadtschloß in Potsdam vorgeschlagen. Als sich dieses als zu klein erwies, wurde die Garnisonkirche ausgewählt, in der die Eröffnung am 21. März über der Gruft zweier preußischer Könige mit viel Pomp stattfand[20]. Das war eine Verneigung vor den Monarchisten, die noch immer hoffen sollten, der Kurs der Restauration werde fortgesetzt und am Ende zur Wiederherstellung der Monarchie führen[21].

Dem neuen Reichstag war nur eine Aufgabe zugedacht. Er

sollte seine Gesetzgebungsvollmacht auf die Regierung übertragen. Darüber war zwischen den Koalitionspartnern schon vor dem 30. Januar Einverständnis erzielt worden, und deswegen waren die Kabinettsberatungen kurz. Es ging fast nur um die Frage, wie die erforderliche Mehrheit gesichert werden konnte. Lediglich Hugenberg fragte, »ob eine Mitwirkung des Herrn Reichspräsidenten bei den Gesetzen vorgesehen sei«. Hindenburgs Staatssekretär erwiderte, sie sei nicht erforderlich, und fügte hinzu: »Der Herr Reichspräsident werde die Mitwirkung auch nicht verlangen.«[22] Bei der zweiten Beratung sagte Papen, »daß ein neues Staatsgrundgesetz geschaffen werden müsse, das vor allem von dem übertriebenen Parlamentarismus befreit werde«. Hitler erwiderte, »daß der Reichstag sich als Nationalversammlung konstituieren könne, wenn die Vorarbeiten für den Entwurf einer neuen Reichsverfassung fertiggestellt seien«. Aber als Hugenberg vorschlug, dies im Gesetz zu erwähnen, widersprach Göring, und damit war die Diskussion beendet. Das Kabinett stimmte dem Gesetzentwurf zu[23].

Freilich bedurfte er einer verfassungsändernden Mehrheit. Dazu mußten nach Artikel 76 zwei Drittel der Abgeordneten anwesend sein, und von den Anwesenden mußten wenigstens zwei Drittel zustimmen. Erschienen alle 647 Abgeordneten, waren also 432 Ja-Stimmen erforderlich. Die Koalition verfügte aber nur über 340 Stimmen und konnte mit etwa zwanzig weiteren rechnen. Also bemühte Hitler sich um das Zentrum, dessen Fraktion 73 Mitglieder zählte, so daß dann die Zahl von 432 Ja-Stimmen gerade erreicht werden konnte. Aber darauf wollte er sich nicht verlassen. So erwog man schon in der Kabinettssitzung vom 15. März, die Mandate der 81 KPD-Abgeordneten, die großenteils verhaftet worden waren, für verfallen zu erklären[24]. Dann sank die gesetzliche Mitgliederzahl des Reichstags auf 566, und man brauchte bei vollständiger Anwesenheit nur noch 378 Ja-Stimmen. Wandte man dieses Verfahren auch auf einige SPD-Abgeordnete an, kam man der sicheren Stimmenzahl immer näher. Allerdings durfte man es nicht übertreiben. Wenn mehr als ein Drittel der Abgeordneten abwesend war, war der Reichstag nicht mehr beschlußfähig. Was also geschah bei einem möglichen Boykott der Sitzung? Dieser Gefahr beugte man durch eine Änderung der Geschäftsordnung vor. Danach galten die unentschuldigt fehlenden Abgeordneten als anwesend. Es war also für alle Eventualitäten gesorgt, und wenn gleichwohl die nötige Mehrheit nicht erreicht werden sollte, würde Gewalt angewandt werden[25].

Die Zustimmung des Zentrums war somit als »Prestigestärkung«, wie Hitler sagte[26], erwünscht, aber nicht notwendig. Am Ende erwiesen sich alle Vorsichtsmaßnahmen als überflüssig, obwohl sie einschüchternd gewirkt haben mögen. Am 23. März stimmten 444 Abgeordnete zu; allein die SPD-Fraktion stimmte dagegen. Am selben Abend stimmte auch der Reichsrat zu, und am 24. März fertigte Hindenburg das »Gesetz zur Behebung der Not von Volk und Reich« aus. Es bestimmte, daß von diesem Tage an bis zum 1. April 1937 Reichsgesetze auch durch die Reichsregierung beschlossen werden konnten, und zwar auch unter Abweichung von der Reichsverfassung. Ausgenommen davon waren allerdings die Einrichtung des Reichstags und des Reichsrats »als solche« und die Rechte des Reichspräsidenten, die »unberührt« bleiben sollten. Damit war das parlamentarische Regierungssystem beseitigt. Auch der Reichspräsident war nun fast ganz entmachtet. Da dieses sogenannte Ermächtigungsgesetz kraft mehrfacher Verlängerung[27] ebenso wie die Reichstagsbrandverordnung bis zum Ende Hitlers in Kraft blieb, bildete es die andere formale Rechtsgrundlage seiner Herrschaft.

Nun blieb noch der Erwerb des Teils der Staatsgewalt, den die Länder ausübten. Mit der Beseitigung Preußens war durch Papen schon am 20. Juli 1932 und erneut am 6. Februar 1933 ein Anfang gemacht worden. Das hatte in den süddeutschen Ländern und vor allem in Bayern ernste Befürchtungen und Widerstand ausgelöst. Wiederholt wandte sich die bayerische Staatsregierung hilfesuchend an Hindenburg, und wiederholt erhielt sie von ihm und auch von Hitler die Versicherung, es sei nicht beabsichtigt, einen Reichskommissar für Bayern zu ernennen. Indessen versuchten die Nationalsozialisten sogleich nach der Reichstagswahl, die bayerische Regierung putschartig zu stürzen, und als dies mißlang, griff Berlin zu seiner Vollmacht aus der Reichstagsbrandverordnung und ernannte am 9. März einen bayerischen Nationalsozialisten zum Reichskommissar in München. Ähnlich vollzog sich der Vorgang auch in den übrigen Ländern.

Er kam in zwei Stufen zum Abschluß. Kraft der Vollmacht aus dem Ermächtigungsgesetz erließ die Reichsregierung am 31. März gegen schwächlichen Widerstand nur von Hugenberg[28] das »Vorläufige Gesetz zur Gleichschaltung der Länder mit dem Reich«, mit dem die von Berlin eingesetzten Landesregierungen ermächtigt wurden, Gesetze ohne Zustimmung der Landtage zu beschließen. Zugleich wurden alle Landtage und alle kommunalen Selbstverwaltungskörper aufgelöst. Sie waren nach dem Ergebnis der Reichstagswahl, aber ohne Berücksichtigung der kommunistischen Stimmen neu zu bilden. Schon eine Woche später, am 7. April, folgte das zweite Gleichschaltungsgesetz. Nun wurden in allen Ländern Reichsstatthalter eingesetzt, die diktatorische Befugnisse hatten und nur von Hitler abhängig waren. Er und nicht mehr die Reichsregierung schlug dem Reichspräsidenten die Ernennung vor. Die Monarchisten hatten eine weitere Position geräumt. Entsprechend waren alle Reichsstatthalter Nationalsozialisten. In Preußen übernahm Hitler dieses Amt selbst und ließ es durch Göring als Ministerpräsidenten ausüben. Widerstandslos räumte Papen sein Reichskommissariat[29]. Damit war der Föderalismus, der in der deutschen Geschichte oft ein Unterpfand der Freiheit gewesen war, beseitigt.

Ohne auf nennenswerten Widerstand zu stoßen, war Hitler im Laufe von zwei Monaten in den Besitz fast der gesamten Staatsgewalt geraten. Der Reichspräsident zog sich, müde und erleichtert, aus dem politischen Geschäft zurück. Die vielen Proteste und Hilferufe, die er von Verfolgten erhielt, leitete er ungerührt an Hitler weiter. Reichstag und Reichsländer waren beseitigt. In der Reichsregierung stieß Hitler kaum auf Widerspruch. Obwohl die Verfassung in ihrem Artikel 58 bestimmte, daß Regierungsbeschlüsse mit Stimmenmehrheit gefaßt wurden, fand nach dem 30. Januar 1933 keine einzige Abstimmung statt. Die Monarchisten machten von ihrer Mehrheit nicht ein einziges Mal Gebrauch. Sie hatten Hitler in ihre Dienste nehmen wollen und standen nun ganz in seinen.

Freilich gab es noch mächtige Interessenverbände und Organisationen, die gewohnt waren, Einfluß auf die Inhaber der Staatsgewalt zu nehmen. Im ordentlichen Verfahren hatten sie diese Möglichkeit nun nicht mehr. Aber deswegen mußte ihre Macht um so gefährlicher erscheinen. Blitzartig konnten sie Unzufriedenheiten bündeln, verschwörerische Koalitionen eingehen und den Diktator entweder stürzen oder doch zum Einsatz terroristischer Polizeigewalt zwingen.

Die Gewerkschaften, die 1920 dem Kapp-Putsch einen

Generalstreik entgegengesetzt hatten, hatten der nationalsozialistischen Machtergreifung ziemlich tatenlos zugesehen, ja sich dem neuen Regime anzupassen versucht. Gleichwohl blieben sie zumal wegen ihrer Bindungen an die Arbeiterparteien eine Bedrohung. Hitler beschloß, sie mit einer Mischung aus scheinbarem Entgegenkommen und Gewalt auszuschalten. Am 7. April billigte die Regierung, bemerkenswerterweise auf Vortrag von Goebbels, einen Gesetzentwurf, nach dem der 1. Mai, der traditionelle Feiertag der Arbeiterbewegung, zum gesetzlichen Feiertag erhoben wurde[30]. Der Tag wurde mit berauschenden Massenfesten, an denen die Gewerkschaften sich beteiligten, begangen, und Hitler gab sich als der Wohltäter aller Arbeiter. Tags darauf aber, am 2. Mai, ließ er in einer geheim vorbereiteten und völlig gesetzlosen Aktion die Gewerkschaften zerschlagen. Ihre Organisationen wurden aufgelöst, ihre Häuser besetzt, ihr Besitz enteignet, ihre Funktionäre in großer Zahl in Konzentrationslager verbracht. An ihre Stelle trat eine der NSDAP angegliederte sogenannte Deutsche Arbeitsfront (DAF), die indes keine gewerkschaftlichen Funktionen hatte. Die Tarifhoheit der Sozialpartner wurde beseitigt.

Die Parteien hatten schon viel von ihrer einstigen Macht verloren. Die KPD war von Anfang an brutal unterdrückt worden. Am 10. Mai wurde auch der gesamte Besitz der SPD beschlagnahmt, am 22. Juni wurde sie verboten. Die übrigen Parteien lösten sich unter Druck selbst auf, am 5. Juli auch das Zentrum, nachdem es durch Mithilfe bei den Verhandlungen über ein Konkordat, das der Papst kurz darauf mit Hitler schloß, dazu beigetragen hatte, immerhin die Stellung der katholischen Kirche abzusichern.

Schon vorher war das Ende der monarchistischen Koalitionspartei eingetreten. Hugenberg hatte lange, auch als ein

Teil seiner Kampffront zu Hitler überging, auf dem Fortbestand seiner Partei beharrt, weil sie ihm Rückhalt für die Tätigkeit in der Regierung gewähren sollte. Aber er hatte zugleich die Beseitigung der Grundlagen ermöglicht, auf denen der Parteienstaat beruhte. Als er und andere Mitglieder seiner Partei dann bedrängt wurden, appellierte er mehrfach an Hindenburg. Aber dieser hatte ja keine Macht mehr und übrigens auch keine Neigung, Hugenberg zu helfen. In der Regierung wurde er nach einem unglücklichen Auftritt auf der Londoner Weltwirtschaftskonferenz von seinen eigenen monarchistischen Kollegen kritisiert[31]. Daraufhin erklärte er am 26. Juni seinen Rücktritt als Minister und löste am folgenden Tage seine Partei auf. Er wagte nicht einmal den Hinweis, daß damit das Ermächtigungsgesetz außer Kraft träte, das nämlich an den Bestand der Regierung vom 30. Januar gebunden war[32].

Am 14. Juli erklärte ein Gesetz die NSDAP zur einzigen Partei und stellte die Neubildung von Parteien unter Strafe. Damit war auch der Parteienstaat, der sich im 19. Jahrhundert herausgebildet hatte, beseitigt. Am 12. November wurde nach einer Einheitsliste, auf der allerdings auch Papen und Hugenberg standen, ein neuer Reichstag gewählt[33]. Er trat am ersten Jahrestag der Machtübernahme, dem 30. Januar 1934, zusammen und verabschiedete ein lapidares »Gesetz über den Neuaufbau des Reiches«, dessen wichtigste Bestimmungen folgendermaßen lauteten: »Die Volksvertretungen der Länder werden aufgehoben. Die Hoheitsrechte der Länder gehen auf das Reich über. Die Landesregierungen unterstehen der Reichsregierung. Die Reichsregierung kann neues Verfassungsrecht setzen.« In der Tat war ein völlig neuartiger Verfassungszustand eingetreten, in dem nicht nur derjenige von 1919, sondern auch der von 1871 und überhaupt fast alle staatlichen Einrichtungen der deutschen Geschichte umgestürzt worden waren. Am 14. Februar 1934 wurde auch der Reichsrat beseitigt[34].

Hitler konnte nun dem Staatsapparat uneingeschränkt Weisungen erteilen. Aber würden sie immer befolgt werden? Die Beamten und die Offiziere, auch die Unternehmer waren noch überwiegend Monarchisten. Wiederholt äußerte sich Mißfallen über die gesetzlosen Ausschreitungen der Nationalsozialisten, und wiederholt distanzierte sich Hitler von ihnen und erklärte die Revolution für beendet. Zwar liefen nun so viele Opportunisten zu ihm über, daß die NSDAP am 1. Mai 1933 eine Aufnahmesperre verhängte. Aber waren sie alle zuverlässig? Was würden sie tun, wenn er sie enttäuschte oder ihnen Maßnahmen zumutete, die sie nicht billigten? Mit der Auflösung der Parteien und Verbände waren deren Anhänger selbstverständlich nicht verschwunden. Am 5. März 1933 hatten noch 30,6 Prozent der Wähler für die SPD und die KPD gestimmt. In ihnen sah Hitler seine größte Gefahr. Er bekämpfte sie mit Peitsche und Zuckerbrot, indem er die Wortführer der Arbeiterbewegung terroristisch verfolgte und der Masse Wohltaten versprach. Vor allem mußte er nun Erfolge aufweisen. Da gerade zu dieser Zeit überall auf der Welt die Wirtschaftskrise und damit die Arbeitslosigkeit zurückging, gelang das, und Hitler verbuchte es mit ungeheurem Propagandaaufwand als seine Leistung. Nicht zuletzt mußte er seine eigenen Gefolgsleute befriedigen und durfte sie nicht enttäuschen. Bisweilen schien es, als fürchtete er sie mehr als seine einstigen Gegner.

Lauernde Gefahren steckten besonders in dem Verhältnis zu den Monarchisten. Zwar waren viele von ihnen inzwischen zu der Überzeugung gelangt, er handele in ihrem Interesse. Andere hingegen verhielten sich ablehnend, sei es aus Anhänglichkeit an die Ordnung des Rechtsstaates oder weil sie den Nationalsozialismus allzu plebejisch fanden. Jedenfalls konnte Hitler auf die Folgsamkeit der Monarchisten nicht unbedingt vertrauen. Was würden sie, was würde vor allem die Reichswehr, ihr mächtiger Rückhalt, tun, wenn er sie zu den Zielen führte, die er anstrebte? Mit dem uneingeschränkten Besitz der Staatsgewalt, mit Weisungen allein war es dann nicht getan.

An jenem 30. Januar 1934, als die Machtergreifung ihren Höhepunkt erreichte, sagte der Reichswehrminister General von Blomberg in einer öffentlichen Rede, die Staatsführung werde »von zwei Säulen getragen, politisch von der in der nationalsozialistischen Bewegung organisierten Volksgemeinschaft, militärisch von der Wehrmacht«. Er werde bestrebt sein, fügte Blomberg hinzu, »dem Grundsatz Geltung zu verschaffen, daß der alleinige politische Willensträger der Nation die nationalsozialistische Partei« sei. Das klang, als werde die Armee sich in ihre normale Rolle als Teil des weisungsgebundenen Staatsapparates fügen. In Wahrheit aber hatte er sie die eine Säule der Staatsführung genannt und damit einen Anteil daran beansprucht. Und dann brachte er die Sache auf den kritischen Punkt, indem er seinen Satz zu Ende führte, der alleinige politische Willensträger sei die Partei und »der einzige Waffenträger des Reiches die Wehrmacht«[35].

Das zielte auf die SA (Sturmabteilung), eine paramilitärische Organisation der NSDAP. Ursprünglich ein Ordnerdienst für Parteiversammlungen, war sie seit 1921 eine uniformierte Kampftruppe geworden, hatte in vielen Wahlkämpfen für die Partei gestritten und war im Frühjahr 1933 auch als Hilfspolizei zur terroristischen Verfolgung politischer Gegner vor allem der Linken eingesetzt worden. Das hatte vielfach Beunruhigung ausgelöst, und so war diese Tätigkeit nach der Beseitigung des Parteienstaates zu Anfang August 1933 beendet worden. Seitdem war die SA ohne Aufgabe. Ihre Mitglieder aber, deren Zahl von etwa 500 000 Mann zu Ende 1932 inzwischen auf über vier Millionen angeschwollen war, von denen viele erwerbslos waren, suchten nach einer neuen Beschäftigung, und ihr Chef Ernst Röhm erblickte sie auf militärischem Gebiet, indem die SA entweder neben der Reichswehr oder gar an ihrer Stelle zu einer Milizarmee werden sollte.

Die Reichswehrführung, die nur über 100 000 Soldaten im Heer gebot, verfolgte diese Entwicklung mit zunehmender Sorge, nachdem sie die SA anfänglich bei der Zerschlagung der Linken und auch als lange entbehrtes Potential von Reservisten wohlwollend betrachtet hatte. Natürlich beharrte sie schon deswegen nicht einfach aus Prinzip auf ihrem Waffenmonopol, weil sie es niemals gehabt hatte; wie in jedem anderen Staat teilte sie es mit der Polizei. Sie fürchtete, überflüssig zu werden, und vor allem beanspruchte sie ihr angebliches Monopol, um sich eine Mitbestimmung bei der Staatsführung wenigstens in den militärischen Entscheidungen von Krieg und Frieden zu erhalten[36]. Ihr eigentliches Motiv also war, sich mit der Rolle eines ausführenden Staatsorgans nicht zu begnügen, und insoweit die Reichswehr weithin monarchistisch war, trat hier der ursprüngliche Gegensatz wieder hervor.

Auf den ersten Blick könnte es scheinen, als hätte die Beseitigung der Reichswehr oder doch ihre Unterordnung unter die SA im Sinne einer vollständigen nationalsozialistischen Machtergreifung gelegen. So dachte auch Röhm, der recht unverhohlen das Amt des Reichswehrministers anstrebte und die Vollendung der Revolution forderte. Hitler jedoch widersetzte sich diesen Plänen und garantierte der Reichswehr von Anfang an ihren Bestand. Abgesehen davon, daß er die Herausforderung des monarchistischen

Koalitionspartners scheute, leitete ihn dabei die Einsicht, die er auch offen aussprach, daß allein die ausgebildete Reichswehr zur Führung eines Angriffskrieges fähig war, während eine Milizarmee sich nur für Verteidigung eignet[37]. Im übrigen hätte ein vollständiger Sieg der SA Hitler von ihr abhängig gemacht.

Es könnte nun wiederum scheinen, als hätte diese Einsicht zu dem Entschluß führen müssen, die SA aufzulösen. Doch dazu war Hitler nicht mächtig genug, und außerdem hätte ihn ein solcher Schritt von der Reichswehr abhängig gemacht. So ergab sich aus dieser Lage die Notwendigkeit und die Möglichkeit, wie ein über den streitenden Gruppen stehender Schiedsrichter zu vermitteln. Das entsprach genau dem doppelten Ursprung von Hitlers Macht und eröffnete ihm bei geschickter Handhabung die Aussicht, sie zu bewahren und zu erweitern.

Um die Jahreswende lagen die SA und die Reichswehr mißtrauisch lauernd einander gegenüber. Im Frühsommer 1934 verschärften zwei neue Elemente die Spannung. Einerseits setzte eine gewisse Enttäuschung bei den Monarchisten ein, Bestrebungen zur Wiederherstellung der Monarchie flammten auf, und am 17. Juni hielt Papen in Marburg eine offen oppositionelle Rede[38]. Wollte der Kreis um ihn zusammen mit der Reichswehr und dem Reichspräsidenten versuchen, die SA, wenn sie losschlug, niederzuwerfen und dabei Hitler zu entmachten oder doch in die Schranken zu weisen? Andererseits war der Tod Hindenburgs zu erwarten. Wollten die Monarchisten versuchen, dann einen Reichsverweser einzusetzen? Dies schien jedenfalls die einzige Möglichkeit, Hitler den Zugriff auf das Amt des Staatsoberhauptes zu verwehren, um seine Macht nicht vollends schrankenlos werden zu lassen. Der Diktator mußte sich umstellt fühlen.

In dieser Lage entschloß er sich zu einem Schlag gegen die SA. Als Mittel kam nur die Tötung in Betracht[39]. Tatsächlich ließ Hitler am 30. Juni und 1. Juli 1934 Röhm mitsamt einem Drittel der höheren SA-Führerschaft ermorden[40]. Die Reichswehr begrüßte und unterstützte die Aktion. Aber Hitler war sehr darauf bedacht, sich nicht den Monarchisten auszuliefern. So ließ er zugleich einige von deren Anführern ermorden, darunter Schleicher und zwei enge Mitarbeiter Papens. Papen selbst wurde in Hausarrest gestellt und ließ sich einige Wochen später auf den Posten des Gesandten in Wien abschieben. Im übrigen verzichtete Hitler nicht auf eine innenpolitische Streitkraft. An die Stelle der geköpften und entmachteten SA setzte er unverzüglich die schon 1925 begründete SS (Schutzstaffeln).

Hitler hatte eine Gegensätzlichkeit zwischen den beiden ihn tragenden und miteinander rivalisierenden Gruppierungen mit ein paar schnellen mörderischen Schlägen gelöst und zu seinen Gunsten genutzt. Lange hatte er laviert und war sowohl der Reichswehr wie der SA entgegengekommen. Indem er es vermied, sich frühzeitig auf die eine oder die andere Seite zu schlagen, hatte er sich über beide erhoben. Dann hatte er sie nicht nur gegeneinander ausgespielt, indem er die Reichswehr gegen die SA aufbot. Er hatte auch beide Gruppierungen gespalten, indem er bei den Monarchisten zwar die Militärs befriedigte, die Politiker aber verfolgte, und indem er bei den Nationalsozialisten die SA mit Hilfe der SS vernichtete. So hatte er in beiden Lagern seine Gegner, Röhm und Papen, ausgeschaltet und seine Partner, Blomberg und Göring, zu Komplizen gemacht. Deren Rivalität aber blieb, und um so unabhängiger von beiden und ihren Gruppierungen war er.

Einen Monat später, am 2. August 1934, starb Hindenburg. Schon tags zuvor hatte die Regierung ein Gesetz beschlossen, demzufolge das Amt des Reichspräsidenten mit dem des Reichskanzlers vereinigt wurde. Der Akt wurde am 19. August plebiszitär bestätigt. Die Reichswehrführung ging noch einen Schritt weiter und beschloß aus eigenem Antrieb die Vereidigung der Soldaten wie einst auf den Monarchen jetzt auf Hitler persönlich[41].

Damit war er Staatsoberhaupt und Oberster Befehlshaber der Wehrmacht, dazu Regierungschef und Führer der Partei. Von nun an wurde er allgemein der Führer genannt. Ein geheimes Gesetz gestattete ihm sogar, seinen Nachfolger selbst zu bestimmen[42]. Obwohl die Weimarer Verfassung jetzt weit über das Ermächtigungsgesetz hinaus, das ja die Rechte des Reichspräsidenten der Verfügungsgewalt der Regierung entzogen hatte, außer Kraft gesetzt war, wurde sie formal nicht aufgehoben. Nach außen vermittelte Hitler noch eine Zeitlang den Eindruck, es werde demnächst eine neue Verfassung erlassen werden. In Wirklichkeit wurde sie niemals auch nur vorbereitet. Hitlers Herrschaft war und blieb ohne geschriebene Verfassung.

Zu Beginn des Jahres 1938 erreichte die Machtergreifung einen gewissen Abschluß, und zwar in einem Vorgang, in dem noch einmal die Rivalität der Hitler tragenden Gruppierungen in sehr bezeichnender Weise zum Ausdruck kam und den Ausschlag gab. Am 25. Januar erbat Generalfeldmarschall von Blomberg, der seit 1935 Reichskriegsminister und Oberbefehlshaber der Wehrmacht genannt wurde, aus privaten Gründen seinen Abschied. Hitler wurde davon offenbar überrascht. Noch unangenehmer aber war ihm, daß als Nachfolger, wie auch Blomberg empfahl, eigentlich nur der Oberbefehlshaber des Heeres, Generaloberst von Fritsch, oder Göring, der auch Oberbefehlshaber der Luftwaffe war, in Betracht kamen. Fritsch war ihm zu konservativ und gegenüber seinen Kriegsplänen zu zurückhaltend.

Göring, ohnehin nach Hitler zweiter Mann im Staate, wäre zu mächtig geworden. Da kam es Hitler gelegen, daß Göring, der das Amt offen anstrebte, gegen Fritsch Vorwürfe gleichfalls privater Art erhob, um den Rivalen auszuschalten. Hitler verlangte sofort den Rücktritt von Fritsch und hatte damit den monarchistischen Kandidaten abgeschüttelt. Da er nun den Nationalsozialisten Göring nicht vor einem dritten Kandidaten zurücksetzen durfte, blieb nur die Lösung, die auch Blomberg ihm in dieser Lage empfahl, daß er selbst die umstrittene Position einnahm.

Tatsächlich übernahm Hitler am 4. Februar 1938 die Befehlsgewalt über die Wehrmacht, wie es in seinem Erlaß hieß, »unmittelbar persönlich«. Ein neuer Reichskriegsminister wurde nicht ernannt. Statt dessen wurde ein Oberkommando der Wehrmacht (OKW) geschaffen als, wie Hitler schrieb, »mein militärischer Stab unmittelbar unter meinem Befehl«[43]. Göring wurde mit der Beförderung zum Generalfeldmarschall abgefunden. Wieder hatte Hitler sich in einem ohne sein Zutun ausgebrochenen Rivalitätskonflikt zwischen Monarchisten und Nationalsozialisten weder auf die eine noch auf die andere Seite geschlagen, sich dadurch über beide erhoben, und das Ergebnis war eine abermalige Stärkung seiner persönlichen Macht und Unabhängigkeit.

Alsdann benutzte Hitler die Gelegenheit zu einem umfassenden Revirement, versetzte 14 weitere Generäle in den Ruhestand, befahl 46 Umbesetzungen und entließ in diesem Zuge und am selben Tage zudem den noch von Hindenburg und Papen am 2. Juni 1932 ernannten Außenminister von Neurath, der auch abgefunden wurde. Er blieb Minister im Kabinett, das nun freilich nie mehr tagte, und wurde Präsident eines neugeschaffenen Geheimen Kabinettsrats, der nie zusammentrat. Neuer Außenminister wurde der

Nationalsozialist Joachim von Ribbentrop. Hitler hatte sich damit auch die auswärtige Gewalt, bisher eine Domäne der Monarchisten, unmittelbar unterstellt.

Diese Herrschaftsform, die sich in ihren Grundzügen 1933/34 herausgebildet hatte und zu Anfang 1938 eine etwa abschließende Ausprägung erfuhr, soll Monokratie genannt werden[44]. Damit ist nicht gemeint, daß der Monokrat tun kann, was ihm beliebt. Seine Macht ist wie jede andere nicht unbeschränkt. Auch er muß die Wünsche und Interessen der wichtigsten gesellschaftlichen Gruppen berücksichtigen. Aber er muß sich mit ihnen nicht darüber verständigen. Sie haben kein formal irgendwie geregeltes Recht auf Mitbestimmung. Monokratie ist zunächst und vor allem die Abwesenheit von Kollegialsystemen, in denen Entscheidungen gemeinsam getroffen werden.

In der Partei hatte es schon seit 1921 keine Beschlußorgane gegeben, und daran änderte sich nach 1933 nichts. Gelegentliche Versammlungen der Gau- und Reichsleiter dienten allein der Information und verliefen ohne Diskussion oder Beschlußfassung[45]. Im Staat war nach der Ausschaltung des Reichstags und der Landtage die Gesetzgebungsbefugnis zunächst ganz auf das Kollegialorgan der Reichsregierung übergegangen. Freilich war in ihr niemals abgestimmt worden, und zunehmend wurden wichtige politische Entscheidungen in ihr nicht mehr behandelt. Nach einem Gesetz vom 16. Oktober 1934 mußten die Minister Adolf Hitler Treue und Gehorsam schwören. Sie waren damit zu weisungsgebundenen Behördenchefs geworden. Entsprechend ging die Gesetzgebungsbefugnis allein auf Hitler über. Die Reichsregierung tagte immer seltener[46]. Die letzte Kabinettssitzung, in der Gesetze beraten und verabschiedet wurden, fand am 9. Dezember 1937 statt, die überhaupt letzte Ministerbesprechung am 5. Februar 1938[47].

Andere Kollegien wie der schon erwähnte Geheime Kabinettsrat oder später der Ministerrat für die Reichsverteidigung traten entweder nie zusammen oder hatten keine entscheidende Bedeutung. Hitler erließ die Gesetze allein und ließ sie nach Belieben von einigen Ministern im Umlaufverfahren mitunterzeichnen. Alle übrigen Weisungen an den Staatsapparat wurden wie Befehle erlassen. Mit seinen Ministern, Gauleitern, Generälen und anderen Mitarbeitern verhandelte Hitler getrennt oder in von ihm allein ausgewählten Teilnehmerkreisen. Es ist das grundlegende Wesensmerkmal dieser monokratischen Herrschaft, daß von Anfang an überwiegend und in den letzten sieben der zwölf Jahre ihres Bestehens überhaupt keine Entscheidung mehr in einem geregelten Kollegialverfahren getroffen wurde.

Dies hatte zwangsläufig eine beträchtliche Eigenmächtigkeit der verschiedenen Ämter und ihrer Inhaber zur Folge. Da es ein geregeltes Beschlußverfahren nicht gab, alle wichtigen Beschlüsse der Zustimmung des Führers bedurften, dieser sie aber schon aus Zeitmangel nicht sämtlich selbst erteilen konnte, mußten die Ämter weithin allein entscheiden. Da es auch für das oft nötige Einvernehmen zwischen ihnen ein geregeltes Verfahren nicht gab, entstand ein regelloser Kampf der Ämter untereinander. Er wurde noch dadurch verschärft, daß die Zuständigkeiten absichtlich nicht klar abgegrenzt waren. Hitler legte im Gegenteil Wert darauf, eine Aufgabe oft mehreren Ämtern zugleich zu übertragen. Das schuf einen buhlenden Wettbewerb um Erfolg und damit um Hitlers Gunst und ermöglichte es ihm, die Ämter gegeneinander auszuspielen und so die Kontrolle und die letzte Entscheidungsgewalt zu behalten.

Dazu gehörte eine Aufgabenteilung zwischen Staat und

Partei. Schon seine erste Machtergreifung im Frühjahr 1933 hatte Hitler einerseits mit staatlichen Verordnungen und Gesetzen und andererseits mit dem revolutionären Terror der SA durchgesetzt. Später baute er diese Aufgabenteilung systematisch aus, und am 11. September 1935 lieferte er auf einem Nürnberger Parteitag sogar eine öffentliche Begründung dafür, indem er sagte, »daß der Kampf gegen die inneren Feinde der Nation niemals an einer formalen Bürokratie oder ihrer Unzulänglichkeit scheitern wird, sondern dort, wo sich die formale Bürokratie des Staates als ungeeignet erweisen sollte, ein Problem zu lösen, wird die deutsche Nation ihre lebendigere Organisation ansetzen, um ihren Lebensnotwendigkeiten zum Durchbruch zu verhelfen. [...] was staatlich gelöst werden kann, wird staatlich gelöst. Was der Staat seinem ganzen Wesen nach eben nicht zu lösen in der Lage ist, wird durch die Bewegung gelöst.«[48]

Der Kampf gegen die inneren Feinde wurde in erster Linie der SS übertragen, und dazu erhielt sie zunehmend polizeiliche Befugnisse und schließlich die gesamte Polizeigewalt. Im Zuge der Gleichschaltung der Länder wurde Heinrich Himmler, der die SS seit 1929 führte, 1933 überall im Reich Kommandeur der Politischen Polizei[49]. Am 17. Juni 1936 wurde er Chef der Deutschen Polizei im Reichsministerium des Innern. Am 27. September 1939 kam dieser Vorgang mit der Errichtung des Reichssicherheitshauptamtes zum Abschluß. Die gesamte Polizei war mit der SS vereinigt oder ihr unterstellt. Kein anderer Teil des Staatsapparates wurde so vollständig einer Parteiorganisation übertragen.

Längst vorher aber hatte die SS noch andere Machtfunktionen erhalten. Bereits am 17. März 1933 hatte Hitler sich eine aus 120 Mann bestehende »Stabswache« geschaffen, die im September 1933 in »Leibstandarte Adolf Hitler« umbenannt wurde und nur ihm persönlich unterstand[50]. Sie war uniformiert, bewaffnet, bald auch kaserniert und wurde erst aus Mitteln der preußischen Polizei, seit Oktober 1933 aus dem Reichshaushalt finanziert. Bei der Zerschlagung der SA am 30. Juni 1934 wurde sie erstmals eingesetzt und danach auf Regimentsstärke erweitert.

Zur selben Zeit wurden auch die Konzentrationslager (KL) der SS unterstellt[51]. Am 4. Juli 1934 wurde der SS-Oberführer Theodor Eicke »Inspekteur der KL und Führer der SS-Wachverbände«. Diese Wachverbände wurden am 29. März 1936 in »SS-Totenkopfverbände« umbenannt, gleichfalls aus dem Staatshaushalt finanziert und zählten damals 3500 Mann.

Schließlich wurde im Juli 1934 noch eine sogenannte »SS-Verfügungstruppe« aufgestellt[52]. Sie erreichte bis 1938 den Umfang von drei regimentsstarken Standarten und war eine uniformierte, bewaffnete und kasernierte Truppe mit eigener Offiziersausbildung in sogenannten »Junkerschulen«. Der Dienst in ihr galt seit 1935 als Erfüllung der Wehrpflicht. Ende 1938 umfaßten alle bewaffneten SS-Verbände etwa 20000 Mann.

In einem Erlaß vom 17. August 1938 stellte Hitler fest: »Die SS-Verfügungstruppe ist weder ein Teil der Wehrmacht noch der Polizei. Sie ist eine stehende bewaffnete Truppe zu meiner ausschließlichen Verfügung.«[53] Sie war in der Tat ein dritter Waffenträger im Staat. Der Wehrmacht oblag die Kriegführung, der Polizei und den SS-Totenkopfverbänden die Bekämpfung der inneren Feinde. Die SS-Verfügungstruppe aber, zu der auch die Leibstandarte Adolf Hitler zählte, war eine Streitmacht zur Niederschlagung innerer Unruhen und zur gewaltsamen Durchsetzung politischer Ziele. Sie war Ausdruck von Hitlers hohem Risikobewußtsein. Nicht zuletzt unter dem Eindruck des Sturzes des kaiserlichen Regimes im November 1918 fürchtete er immer, gestürzt zu werden, und gedachte, dieser Gefahr mit einer ihm besonders ergebenen Truppe Herr zu werden.

Hitlers Staat war ein Doppelstaat[54]. Neben den traditionellen Staatsapparat, der die üblichen Verwaltungsaufgaben mehr oder weniger nach gesetzlichen Vorschriften erledigte, war ein unkonventioneller Staatsapparat getreten, der ohne Rücksicht auf Recht und Gesetz besondere innenpolitische Aufgaben zu lösen hatte. Hitler übte die Staatsgewalt auf zweierlei Weise aus, indem er einerseits Weisungen erteilte sowie Gesetze und Vorschriften erließ und andererseits für den Fall, daß diese nicht befolgt wurden, über eine besondere Durchsetzungsgewalt verfügte. Die beiden Gewalten ergänzten sich und waren zugleich gegeneinander gerichtet. Diese Konkurrenz bildete, neben der Abwesenheit von Kollegialsystemen, das andere Wesensmerkmal von Hitlers monokratischer Herrschaft.

Nun gibt es unter jeder Herrschaftsform ein mehr oder weniger großes Maß von Konkurrenz rivalisierender Ämter, und jeder Herrscher ist versucht, seine Macht dadurch zu steigern, daß er die Konkurrenten gegeneinander ausspielt. In den meisten Herrschaftsformen aber entwickeln sich Regeln für die geordnete Austragung von Interessengegensätzen und Kompetenzkonflikten. Das ist im wesentlichen der Sinn einer Verfassung. In der verfassungslosen Herrschaft Hitlers jedoch war diese unvermeidliche Begleiterscheinung des politischen Machtkampfes zum grundlegenden Prinzip erhoben worden. Ob sich das mit Hitlers Absicht oder aus der Art der Machtübertragung auf ihn ergab, ist nicht leicht zu entscheiden. Einerseits förderte er schon als Parteiführer vor 1933 derartige Konkurrenzen oder führte sie sogar herbei. Andererseits zwang ihn seine Ausgangslage als Reichskanzler, auf die beiden ihn tragenden und konkurrierenden Gruppen der Monarchisten und der Nationalsozialisten Rücksicht zu nehmen, sie gegeneinander auszuspielen, und das mag ihn bewogen haben, dieses zunächst taktische Verfahren zum Grundsatz seiner Herrschaft zu machen. Vermutlich ist die Annahme zutreffend, daß die Bedingungen der Machtübertragung die in ihm angelegte Neigung verstärkten.

Diese Konkurrenz jedenfalls ist ein Wesensmerkmal von Monokratie, und insofern sie eine weitgehende Eigenmächtigkeit der Ämter zur Folge hat, kann man sie auch Polykratie nennen. Nur darf man nicht verkennen, daß Polykratie eine notwendige Bedingung von Monokratie ist[55]. Ein Monokrat kommt auf polykratischer Basis an die Macht, indem er von konkurrierenden Gruppen getragen wird, und er bleibt mit polykratischen Methoden an der Macht, indem er sich auf die Konkurrenz der Gruppen und Ämter stützt. Die entscheidende Frage ist nur, ob sie ihm ihren Willen aufzwingen oder er seinen durchsetzt.

Schon in der Theorie ist das erstere unwahrscheinlich. Die Konkurrenten sind ja uneinig. Sie können ihren Willen zwar in den ihnen zugewiesenen untergeordneten Bereichen durchsetzen, in den zentralen Fragen, die der Monokrat sich vorbehält, aber nur dann, wenn sie Koalitionen untereinander bilden. Eben das jedoch versucht der Monokrat mit allen Mitteln zu verhindern, denn eine erfolgreiche Koalitionsbildung, die ihm ihren Willen aufzwingt, kommt seiner Entmachtung gleich. Er darf keine Gruppe so sehr benachteiligen, daß sie sich gegen ihn erhebt. Indessen ist eine solche Erhebung nicht unbedingt tödlich. Der Monokrat kann sie niederwerfen. Gegen einen Putsch der Wehrmacht konnte Hitler immer die SS aufbieten, notfalls auch umgekehrt. Sein eigentliches Risiko war das Attentat. Die Tötung des Monokraten ist, neben der Besiegung im Kriege, die überhaupt einzige Möglichkeit, ihn zu stürzen.

Solange er diesen Risiken entgeht, hat der Monokrat viele Vorteile. Er allein hat das gesamte Herrschaftswissen. Er wird umworben, denn nur in seiner Gunst kann Macht entstehen. Er gebietet über allein von ihm abhängige Leibstandarten. Sein wichtigster Vorteil aber ist seine Schiedsrichterfunktion. Nur er kann zwischen den konkurrierenden Gruppen und Ämtern vermitteln. Das gestattet ihm zugleich die Durchsetzung seines Willens. Dabei wird er von der Masse nicht unmittelbar verantwortlich gemacht. Er verbucht die Erfolge für sich und schiebt die Mißerfolge anderen zu. Während die Unzulänglichkeiten seinen Statthaltern zugeschrieben werden, erscheint er als der entrückte Wohltäter.

In der Praxis muß er natürlich an seinen Zielen gemessen werden. Wenn sich in einem Bereich eine Gruppe oder ein Amt durchsetzte, muß zunächst geprüft werden, ob er sich in diesem Bereich überhaupt durchsetzen wollte. Erst der Nachweis, daß er seine selbstgesetzten Ziele nicht durchsetzen konnte oder ihm andere, die er selbst nicht wollte, aufgezwungen wurden, erlaubt es, ihn nicht Monokraten zu nennen und seine Herrschaft als wahre Polykratie zu bezeichnen. Im Falle Hitlers ist diese Prüfung verhältnismäßig einfach. Wie kaum ein anderer hat er seine Ziele im voraus genannt und gesagt, daß es nur zwei waren, die Eroberung von Raum und die Entfernung der Juden, und daß ihm alles andere nur Mittel zu diesem doppelten Zweck war[56]. Es bleibt natürlich zu prüfen, ob er diese Ziele beibehielt oder sie aufgab, änderte oder durch andere ersetzte. Doch ist es vernünftig, seine Herrschaft zunächst unter dem Gesichtspunkt seiner Ziele zu untersuchen.

3. Kapitel

Der Weg in den Krieg

In den zwanziger Jahren hatte Hitler zwei Ziele schriftlich entworfen. Eines davon war, ein größeres deutsches Reich zu errichten, als es je in der Geschichte bestanden hatte. Das wollte er vor allem auf dem Wege eines Eroberungskrieges gegen Sowjetrußland erreichen. Im Osten des europäischen Festlandes sollten die Deutschen für Generationen neuen Lebensraum finden. Damit würde zugleich Deutschlands Stellung als Weltmacht wiederhergestellt werden[1].

Militärisch schien der Erfolg leicht erreichbar, denn Hitler hielt Sowjetrußland nach der Revolution von 1917 für einen Koloß auf tönernen Füßen. Politisch indessen mußten zwei Voraussetzungen geschaffen werden. Erstens mußten die innere Ordnung und die militärische Macht Deutschlands wiederhergestellt werden. Zweitens mußte eine diplomatische Lage herbeigeführt werden, in der Deutschland nicht angegriffen werden konnte, während es selbst die Sowjetunion angriff. Am meisten fürchtete Hitler ein Eingreifen Frankreichs, weil ja die Ausdehnung nach Osten Deutschland zur Vormacht in Europa machen und Frankreich das nicht hinnehmen würde. Es mußte daher, so schloß Hitler, in einem Vorkrieg ausgeschaltet werden, ehe der eigentliche Krieg gegen Rußland begonnen werden konnte.

Hitler hielt diesen Vorkrieg mit Frankreich für viel gefährlicher als den Hauptkrieg gegen Rußland. Frankreich nämlich war eine starke Militärmacht, und es hatte Verbündete. Von diesen allerdings konnte es getrennt werden, denn in seinen Bündnissen mit Italien und Britannien gab es Reibungen. Wenn Deutschland sie ausnutzte, konnte es mit diesen beiden Staaten Abkommen treffen. Das wurde dadurch erleichtert, daß die Ziele der Partner in verschiedene Richtungen wiesen. Während Deutschland nach Osten drängte, lagen die britischen Interessen in Übersee und die italienischen im Mittelmeer und in Afrika. Also störten die drei Mächte einander nicht und konnten sich gegenseitig freie Hand lassen. Das war entscheidend. Hitler wollte keine Waffenhilfe. Er wollte freie Hand erst gegen Frankreich und dann gegen Rußland, und er hielt dies für erreichbar, wenn Deutschland gegenüber Italien endgültig auf Südtirol und gegenüber Britannien auf jederlei Wettbewerb in Übersee verzichtete.

Mit diesen Zielvorstellungen stand Hitler von Anfang an ziemlich allein. Als er 1922 den Verzicht auf Südtirol forderte, erhob sich sogar unter seinen eigenen Anhängern heftiger Widerspruch. Auch die Forderung, auf Wettbewerb mit Britannien zu verzichten, stieß, da sie ausdrücklich den Verzicht auf die verlorenen Kolonien einschloß, auf Widerspruch. Zudem stand Hitlers Konzept im Widerspruch zum allgemeinen Einverständnis über die außenpolitischen Ziele Deutschlands. Alle politischen Kräfte in der Weimarer Republik einschließlich der meisten Nationalsozialisten stimmten darin überein, daß der Versailler Vertrag beseitigt und nach Möglichkeit der Vorkriegszustand Deutschlands wiederhergestellt werden sollte. Hitler teilte diesen Konsens nicht, und so werden es sowohl außen- wie innenpolitische Rücksichten gewesen sein, die ihn veranlaßten, nach der Reichstagswahl vom September 1930 von seinen Eroberungsplänen öffentlich nicht mehr zu reden.

Nach seiner Ernennung zum Reichskanzler setzte Hitler zunächst die Außenpolitik der Weimarer Republik in Wort und Tat fort. Das empfahl sich aus vielerlei Gründen. Die Leitung des Auswärtigen Amts blieb in den Händen der Monarchisten, und für die Nationalsozialisten stand die innere Machtergreifung ganz im Vordergrund. Vor allem aber konnte Hitler die bisherige Außenpolitik auch deswegen fortsetzen, weil sie mit den ersten Stufen seines Konzepts übereinstimmte. Der Revisionismus war eine notwendige Vorstufe des Expansionismus. Unter den Beschränkungen des Versailler Vertrages konnte er nicht eingeleitet werden. Erst in einem späteren Stadium mußte sich zeigen, ob Hitler vom allgemeinen Konsens abweichen konnte.

Selbstverständlich konnte Hitler die deutsche Öffentlichkeit schon deswegen nicht in seine Pläne einweihen, weil er damit seine äußeren Gegner gewarnt hätte. Auch den inneren Führungskreis weihte er nicht vollständig ein. Aber hier machte er von Anfang an immer wieder vielsagende Andeutungen.

Am 3. Februar 1933, vier Tage nach der Ernennung zum Reichskanzler, sprach Hitler erstmals zu den Befehlshabern der Reichswehr. Das Ziel der Gesamtpolitik, so sagte er in einer zweieinhalbstündigen Rede, sei allein die Wiedergewinnung der politischen Macht. Hierauf müsse die gesamte Staatsführung eingestellt werden. Im Inneren erfordere das die Stärkung des Wehrwillens mit allen Mitteln, straffste autoritäre Staatsführung und Beseitigung des Krebsschadens der Demokratie. Nach außen bedeute das den Kampf gegen Versailles. Im Bereich der Wirtschaft müsse der Bauer gerettet werden. Im Siedeln liege die einzige Möglichkeit, da der Lebensraum für das deutsche Volk zu klein sei. Für die Wiedererringung der politischen Macht sei der Aufbau der Wehrmacht die wichtigste Voraussetzung, die allgemeine Wehrpflicht müsse wiederkommen. Wie aber, so fragte er dann, solle die politische Macht, wenn sie gewonnen sei, gebraucht werden? Das sei jetzt noch nicht zu sagen. Vielleicht zur Erkämpfung neuer Exportmöglichkeiten, vielleicht und wohl besser zur Eroberung neuen Lebensraumes im Osten und zu dessen rücksichtsloser Germanisierung[2].

Hitler hatte seine Ziele wahrlich nicht vergessen. Aber er enthüllte sie nicht ganz. Rußland erwähnte er nicht. Die Rede war wohl ein vorsichtiger Versuch, um die Reaktion der Reichswehrführung zu prüfen. Indessen erwartete Hitler keine Antwort[3]. Die Generäle und Admiräle waren teils alarmiert, teils nahmen sie Hitlers Worte nicht ernst.

Ähnlich sprach er bei anderen Gelegenheiten. Bei der ersten Begegnung mit den Reichsstatthaltern sagte er am 6. Juli 1933 unvermittelt: »Der Bolschewismus ruiniert Rußland. Eines Tages werden wir als die Erben auftreten.«[4] Als er am 28. Februar 1934 der Führung von SA und Reichswehr erklärte, eine Miliz sei für seine Pläne ungeeignet, fügte er hinzu, die »neue Armee müsse nach fünf Jahren für jede Verteidigung, nach acht Jahren auch für den Angriff geeignet sein«, und sagte dann: Deutschland müsse sich »Lebensraum« verschaffen, »den uns aber die Westmächte nicht gönnen. Daher könnten kurze, entscheidende Schläge nach Westen und dann nach Osten notwendig werden.«[5]

Die Vermutung liegt natürlich nahe, daß Hitler einige seiner engsten Mitarbeiter wie Göring, Himmler oder Goebbels vollständig einweihte. Manchmal scheint es, als hätten sie die Pläne ihres Führers gekannt. Goebbels notierte sich am 6. Juni 1936 nach einem Gespräch mit Hitler in sein Tagebuch, Japan werde demnächst »Rußland verdreschen. Und dieser Koloß wird ins Wanken kommen. Und dann ist unsere gute Stunde da. Dann müssen wir uns für

100 Jahre an Land eindecken.«[6] Und am 8. Mai 1937: »Und im übrigen fehlt uns Raum, um unser Volk zu ernähren. Den müssen wir uns holen. Und dazu bauen wir unsere Armee auf. Der Führer weiß genau, was er will.«[7] Doch derlei dokumentarische Belege sind selten, da von solchen Gesprächen in der Regel keine Aufzeichnungen angefertigt wurden. Im ganzen scheint Hitler auch seine engste Umgebung nur andeutungsweise und von Fall zu Fall unterrichtet zu haben.

Nun könnte man annehmen, daß einige Hitler verstanden hätten, weil sie sein Buch gelesen hatten. Aber auch dafür gibt es kaum einen Beleg. Es ist gewiß einzuräumen, daß die Annahme, Hitlers Politik werde seinem Buch folgen, nach allen Erfahrungen zunächst äußerst unwahrscheinlich erscheinen mußte. Immerhin ist die Geschichte von »Mein Kampf« in dieser Hinsicht bemerkenswert. Das Buch blieb in vielen Auflagen im wesentlichen unverändert[8], wurde millionenfach verbreitet und war doch nahezu geheim. Es wurde fast nicht gelesen oder doch nicht ganz ernst genommen und vor allem nicht in der Öffentlichkeit diskutiert. Nur Banalitäten wurden daraus zitiert und als Schlagworte verwendet. Es gab keine gründliche Exegese und konnte sie wohl schon deswegen nicht geben, weil Hitler sich bei Bedarf von seinem Buch distanzierte. Als ein französischer Journalist ihn im Februar 1936 aufforderte, es zu korrigieren, antwortete Hitler, er sei kein Schriftsteller, sondern Politiker und werde die Korrekturen in seiner Außenpolitik vornehmen, sie in das große Buch der Geschichte eintragen[9].

Indessen unterdrückte er seine Andeutungen nicht einmal in der Öffentlichkeit ganz. 1936 redete er zweimal von der Weite und dem Reichtum des russischen Raumes. Am 7. März sagte er im Reichstag: »Auf den deutschen Menschen trifft pro Kopf der Bevölkerung achtzehnmal weniger Grund als z. B. auf einen Russen.«[10] Und am 12. September auf dem Nürnberger Parteitag: »Wenn der Ural mit seinen unermeßlichen Bodenschätzen und die Ukraine mit ihren unermeßlichen Getreideflächen uns zur Verfügung ständen, dann würde [...] unser deutsches Volk im Überfluß schwimmen.«[11]

Im allgemeinen jedoch folgte Hitler noch immer, wenn auch mit größerer Heftigkeit, den Bahnen der früheren Außenpolitik, sprengte die Fesseln des Versailler Vertrages, betrieb die Annäherung an Italien und Britannien, gab sich aber nach innen und außen als Politiker des Friedens und sprach nur selten im engsten Führungskreis von seinen Plänen. Das bekannteste Zeugnis ist die Niederschrift seines Wehrmachtadjutanten Hoßbach über eine Besprechung mit dem Kriegs- und dem Außenminister sowie den Oberbefehlshabern der drei Wehrmachtteile vom 5. November 1937[12]. Sie wird zumeist als Beleg dafür angeführt, daß Hitler unverändert an seinen frühen Zielvorstellungen festhielt, und sie ist in der Tat ein solcher Beleg. Hitler sprach mit außerordentlicher Feierlichkeit davon, daß der deutsche Raum spätestens 1943–1945 mit kriegerischen Mitteln erweitert werden solle. Er argumentierte fast genauso wie im 4. Kapitel des ersten Bandes von »Mein Kampf«, indem er zunächst andere Möglichkeiten der Ernährung des deutschen Volkes erörterte und verwarf. Aber dann führte er seine Zuhörer doch nicht bis ans Ende seiner Pläne, sondern bezeichnete als Objekte der deutschen Raumerweiterung nur die Tschechei, wie er sie nannte, und Österreich. Rußland erwähnte er wiederum nicht. Noch immer fand also eine vollständige Einweihung nicht statt.

Am 2. Januar 1938 unterbreitete Hitlers außenpolitischer Berater und damaliger Botschafter in London, Ribbentrop, eine »Notiz für den Führer«, die sich mit den fehlgeschlagenen Versuchen beschäftigte, zu einem Ausgleich mit Britannien zu gelangen. An ihrem Anfang stand der Satz: »Eine Änderung des status quo im Osten im deutschen Sinne ist nur gewaltsam durchzuführen.«[13] Das läßt auf eine umfassende Kenntnis der Pläne schließen, wie man sie in diesem Falle auch erwarten darf. Indessen wäre die Annahme irrig, Ribbentrop sei vollständig eingeweiht gewesen. Der Text selbst nämlich und mehr noch die spätere Haltung des Außenministers lassen erkennen, daß auch er nur an den »status quo in Mitteleuropa«, wie er schrieb, dachte, also an Österreich und die Tschechoslowakei, nicht aber an Rußland.

Im Februar 1938 gelang es Hitler, den Oberbefehl über die Wehrmacht selbst zu übernehmen und Ribbentrop zum Außenminister zu machen. Im März gelang der Anschluß Österreichs. Nun beschleunigte Hitler seine Schritte. Im April wies er seinen Generalstab an, Vorarbeiten für eine Auseinandersetzung mit der Tschechoslowakei einzuleiten[14], und im Mai verkündete er der Wehrmachtführung, es sei sein »unabänderlicher Entschluß, die Tschechoslowakei in absehbarer Zeit durch eine militärische Aktion zu zerschlagen«[15]. Jetzt wollte er den »Waffenkrieg«[16].

Dagegen erhob sich Widerspruch. Der Wortführer war der Generalstabschef des Heeres, General Ludwig Beck[17]. In verschiedenen Denkschriften begründete er seinen Standpunkt. Er stimmte mit Hitler überein, »daß Deutschland einen größeren Lebensraum braucht«, und daß die Tschechei, »notfalls auch durch eine kriegerische Lösung«, ausgeschaltet werden müsse[18]. Aber er war überzeugt, »daß ein gewaltsames militärisches Vorgehen Deutschlands gegen die Tschechoslowakei in nächster Zeit zu einem sofortigen militärischen Eingreifen Frankreichs und damit auch Englands«, also »automatisch zu einem europäischen oder einem Weltkrieg führen«, und »daß ein solcher nach menschlicher Voraussicht mit einer nicht nur militärischen, sondern auch allgemeinen Katastrophe für Deutschland endigen« werde[19]. Dieser Einschätzung stimmten der Oberbefehlshaber des Heeres, Generaloberst Walter von Brauchitsch, der Staatssekretär des Auswärtigen Amtes, Ernst von Weizsäcker, der Chef des Stabes der Seekriegsleitung und manche andere zu[20].

Diese Monarchisten mochten mancherlei andere Einwände gegen Hitler und den Nationalsozialismus haben. Sie hatten sie bisher nicht geltend gemacht und sogar viele Maßnahmen des Regimes begrüßt. Nun aber erkannten sie, daß Hitler Deutschland in einen Krieg führen wollte[21], den es verlieren konnte oder mußte, und das wollten sie verhindern. Sie befürchteten eine abermalige Niederlage. Wenigstens bei dieser entscheidenden Frage wollten sie mitbestimmen. Das war das eigentliche Motiv ihres Widerstandes im Sommer 1938. Es war ein Dissens nicht über die Ziele und Mittel der Außenpolitik, nicht einmal über das Mittel eines Angriffskrieges, wohl aber über die Risiken.

Hitlers Lage war kritisch. Im August sprach er zweimal zu Versammlungen von Generälen, um sie zu überzeugen, daß die Westmächte nicht eingreifen würden[22]. Dann verstärkte er seine SS-Verfügungstruppe[23]. Aber der Konflikt wurde nicht ausgetragen. Die Wehrmachtführung war weder geschlossen noch entschlossen genug, um ihren Einspruch mit Nachdruck vorzutragen. Becks Versuche, eine Fronde gegen Hitler zu bilden, die den Diktator zur Aufgabe seiner Kriegspläne veranlassen sollte, scheiterten. Er trat zurück. Sein Nachfolger aber, General Franz Halder, schätzte die Lage ebenso und Hitlers Kriegswillen noch höher ein. Statt Einspruch zu erheben wie Beck, betrieb er den Staatsstreich. Zusammen mit anderen plante er im September, Hitler, wenn er den Befehl zum Kriege geben sollte, durch einen Militärputsch zu stürzen. In diesem Zusammenhang entstanden erneut Pläne zur Wiederherstellung der Monarchie[24]. Es waren dann vor allem die Vermittlungsbemühungen des britischen Premierministers Neville Chamberlain, die die Krise beendeten.

Auf der Münchner Konferenz vom 29. September 1938 übertrugen die Westmächte die sudetendeutschen Gebiete der Tschechoslowakei auf Deutschland. Hitler hatte sein Ziel, den Krieg zu eröffnen, nicht erreicht. In der Öffentlichkeit jedoch und weithin auch im inneren Führungskreis erschien er gleichwohl als der große Gewinner. Er schien mit dem Krieg nur gedroht zu haben und dafür belohnt worden zu sein. Die militärische Opposition hingegen schien die Lage falsch eingeschätzt zu haben. Manche Militärs begannen nun, an das »Genie des Führers« zu glauben[25].

Trotzdem war die Krise für Hitler eine Warnung. Offenbar konnte er sich auf die Folgsamkeit der Heeresführung nicht verlassen, und auch die Umsturzplanungen werden ihm nicht ganz entgangen sein. Zudem schien die Stimmung der Bevölkerung angesichts eines neuen Krieges keineswegs begeistert. Hitler scheint sich dieser inneren Risiken sehr bewußt gewesen zu sein. In einer nichtöffentlichen Rede vor der Presse sagte er am 10. November 1938, die Umstände hätten ihn gezwungen, »jahrzehntelang fast nur vom Frieden zu reden«. Das habe bedenkliche Seiten, und es sei nunmehr notwendig, »das deutsche Volk psychologisch allmählich umzustellen« und ihm »bestimmte außenpolitische Vorgänge so zu beleuchten, daß die innere Stimme des Volkes selbst langsam nach der Gewalt zu schreien« beginne[26].

Es spricht auch für Hitlers Risikobewußtsein, daß er der

Wehrmachtführung gegenüber nun vorsichtiger argumentierte. Viel zurückhaltender als im Mai ließ er sie am 21. Oktober 1938 wissen, es müsse »möglich sein, die Rest-Tschechei jederzeit zerschlagen zu können, wenn sie etwa eine deutschfeindliche Politik betreiben würde«, und fügte am 17. Dezember beschwichtigend hinzu, die Bearbeitung dieses Falles habe »unter der Voraussetzung zu erfolgen, daß kein nennenswerter Widerstand zu erwarten« sei [27]. Ohnehin erschien ein Eingreifen der Westmächte diesmal weniger wahrscheinlich, und so gelang es Hitler am 15. März 1939, die restliche Tschechoslowakei zu zerschlagen.

Alsbald danach befahl er die Vorbereitungen zum Angriff auf Polen, ohne auf Einsprüche der Heeresführung zu stoßen. Die Widerstandsbewegung war noch immer entmutigt, die deutsch-polnische Grenze erschien vielen seit langem als unerträglich ungerecht, die Entschlossenheit der Westmächte ungeachtet ihrer Garantie für Polen als zweifelhaft, und dann entfaltete Hitler eine derart fieberhafte diplomatische Aktivität, deren Höhepunkt der überraschende Abschluß eines Nichtangriffsvertrages mit der Sowjetunion am 23. August war, daß zur Formierung von Widerstand kaum Zeit war. Bemerkenswerterweise war es Göring, der im letzten Augenblick den Marsch in den Krieg aufzuhalten versuchte[28]. Aber Hitler konnte sich nun über die Bedenken nahezu des gesamten Führungskreises hinwegsetzen. Am 1. September begann der Feldzug gegen Polen und endete binnen eines Monats mit einem vollständigen Sieg. Brutale Maßnahmen gegen die Einwohner und nicht zuletzt gegen die Juden unter ihnen folgten und riefen mancherlei Widerstand im Heer hervor. Doch fand es sich damit ab, daß Hitler die Verwaltung des eroberten Landes rasch seinen eigenen Anhängern übertrug[29].

Von neuem bildete sich Widerstand und gedieh bis zu Staatsstreichplänen, als Hitler seinen Entschluß verkündete, noch im Herbst 1939 Frankreich anzugreifen[30]. Wieder bestand, zumal da Frankreich Deutschland den Krieg erklärt hatte, ein Dissens weder über das Ziel noch über die Methode, sondern allein über das Risiko. Das Heer erschien der Führung noch zu ermattet, um den Feldzug gewinnen zu können. Mit Sorge erinnerten sich die Generäle daran, wie die deutsche Offensive im Jahre 1914 im Stellungskrieg steckengeblieben war. Hitler lenkte ein und verschob den Angriff auf das Frühjahr 1940.

Der schnelle Sieg im Westen wurde Hitlers größter Triumph. Nun gewann er auch das Ansehen eines Feldherrn, weil er auf die Entwicklung des Feldzugsplanes Einfluß genommen und seine Vorstellungen gegen die Bedenken des Generalstabes durchgesetzt hatte. Viele, die vorher Widerstand geleistet hatten und es später wieder taten, bekannten nun, daß sie kleingläubig gewesen waren. »Trotz allem aber, dem Führer allein gebührt der Ruhm«, schrieb der Generalquartiermeister des Heeres am 15. Juni 1940[31]. Nie war Hitlers Prestige größer. Er hatte die Niederlage von 1918 wettgemacht, und vielen schien der Friede in greifbarer Nähe zu sein. Was würde Hitler jetzt tun?

Der Westfeldzug begann am 10. Mai und zerfiel in zwei Phasen. Zunächst wurden die französischen und britischen Streitkräfte in Belgien und Nordfrankreich eingekesselt und entweder vernichtet oder vom Festland vertrieben. Diese erste Phase endete am 4. Juni mit der Einnahme von Dünkirchen. Dann wurde das restliche Frankreich erobert, und diese zweite Phase endete am 22. Juni mit dem Abschluß eines deutsch-französischen Waffenstillstandes. Danach wurde allgemein erwartet, daß auch Britannien einlenken und Frieden mit Deutschland schließen würde.

Am Ende der ersten Phase, als sich der Sieg abzeichnete, war Hitler in Charleville im Stabsquartier der Heeresgruppe A und sagte dort am 2. Juni, er erwarte, daß Britannien nun wohl zu einem »vernünftigen Friedensschluß« bereit sein werde, so daß er »endlich die Hände frei« habe für seine »große und eigentliche Aufgabe: die Auseinandersetzung mit dem Bolschewismus«[32]. Als Britannien nicht sogleich einlenkte, notierte sich Generalstabschef Halder am 30. Juni die Auffassung Hitlers so: »England wird voraussichtlich noch einer Demonstration unserer militärischen Gewalt bedürfen, ehe es nachgibt und uns den Rücken frei läßt für den Osten.«[33]

Da waren seine alten Zielvorstellungen wieder, erst ideologisch verbrämt, dann mit genauer Ortsangabe; denn im Osten des deutschen Herrschaftsbereiches lag nun nur noch Rußland. Er hatte immer gedacht, daß Frankreich in einem Vorkrieg ausgeschaltet werden mußte, ehe der eigentliche Krieg gegen Rußland begonnen werden konnte, und nun, noch während Frankreich zusammenbrach, sprach er zu seinen Soldaten davon. Er hatte auch immer gedacht, daß Deutschland dabei in einer diplomatischen Lage sein mußte, in der es nicht angegriffen werden konnte. Daß Italien ihm freie Hand lassen würde, war durch das Achsenbündnis sichergestellt. Es fehlte noch die gleiche Sicherheit von britischer Seite. Aber Hitler war zuversichtlich, daß er sie nun auf die eine oder andere Weise bekommen würde. Klar ist jedenfalls, daß Hitler im Juni 1940 die Gewährung der freien Hand durch Britannien noch immer als Vorbedingung für den Angriff auf Rußland ansah.

Im Juli stellte sich heraus, daß Britannien nicht nachgeben würde. Damit waren die Voraussetzungen zum Krieg gegen Rußland eigentlich entfallen. Es galt nun, was der erste operative Berater Hitlers für die Gesamtkriegführung[34], der Chef des Wehrmachtführungsamtes im OKW, Generalmajor Alfred Jodl, bereits in einer Denkschrift vom 30. Juni festgestellt hatte: »Wenn politische Mittel nicht zum Ziele führen, muß der Widerstandswille Englands mit Gewalt gebrochen werden«[35]. Er hatte dabei zwischen dem Kampf gegen das englische Mutterland und dem Kampf gegen das englische Empire unterschieden. Für den ersteren gab es drei Möglichkeiten: die »Belagerung«, den »Terror-Angriff gegen die englischen Bevölkerungszentren« und die »Landung mit dem Ziel, England zu besetzen«. Zum zweiten Fall hatte Jodl geschrieben: »Der Kampf gegen das englische Empire kann nur durch oder über Länder geführt werden, die am Zerfall des englischen Weltreiches interessiert sind und auf eine ergiebige Erbschaft hoffen. Das [sind[36]] in erster Linie Italien, Spanien, Rußland und Japan. Die Aktivierung dieser Staaten ist Sache der Politik.« Das hieß, daß auch Rußland, zu dem ja seit August 1939 ein Paktverhältnis bestand, auf diplomatischem Wege für eine Beteiligung am Kampf gegen England gewonnen werden sollte.

Hitler aber, auf dem Höhepunkt seiner Macht, wollte den Krieg gegen Rußland jetzt, und er fand eine neue Begründung dafür. England, so argumentierte er den ganzen Juli hindurch, gebe deswegen nicht nach, weil es auf Rußland hoffe. »Bär und Walfisch« könnten sich wieder wie 1908 verständigen, notierte sich Halder am 11. Juli[37]. Und am 13. Juli nach einer Besprechung bei Hitler: »Den Führer beschäftigt am stärksten die Frage, warum England den Weg zum Frieden noch nicht gehen will. Er sieht ebenso wie wir die Lösung der Frage darin, daß England noch eine Hoffnung auf Rußland hat. Er rechnet also damit, England mit Gewalt zum Frieden zwingen zu müssen. Er tut so etwas aber nicht gern. Begründung: Wenn wir England militärisch zerschlagen, zerfällt das britische Weltreich. Davon hat aber Deutschland keinen Nutzen. Wir würden mit deutschem Blut etwas erreichen, dessen Nutznießer nur Japan, Amerika und andere sind.«[38]

Noch hatte Hitler die naheliegende Schlußfolgerung nicht ausgesprochen, daß man England, wenn es auf Rußland hoffte, diese Hoffnung nehmen mußte. Eine Woche später aber, in einer Besprechung in Berlin am 21. Juli, tat er es. Zunächst sagte er wieder in längeren Ausführungen, es sei unklar, was in England werde, England habe Hoffnung auf Rußland, und dann nannte er einen neuen Faktor: »Stalin kokettiert mit England, um England im Kampf zu erhalten und uns zu binden, um Zeit zu haben, das zu nehmen, was er nehmen will und was nicht mehr genommen werden kann, wenn Frieden ausbricht. Er wird Interesse haben, daß Deutschland nicht zu stark wird.« Zwar: »es liegen keine Anzeichen für russische Aktivität uns gegenüber vor.« Aber die Richtung war nun klar: Man würde noch »in diesem Herbst Rußland angreifen«[39]. Ein Feldzug zu diesem Termin freilich erwies sich in einer genaueren Untersuchung des Zeitbedarfs und der Wetterbedingungen in Osteuropa als undurchführbar, und Hitler lenkte wie im Jahre zuvor ein[40].

Am 31. Juli fand in Hitlers Residenz auf dem Obersalzberg die entscheidende Besprechung statt. Großadmiral Raeder berichtete zunächst über die Vorbereitungen einer Landung in England, die den ganzen Monat hindurch vorangetrieben worden waren. Das Unternehmen erwies sich als sehr schwierig, und Raeder schlug vor, es auf das Frühjahr 1941 zu verschieben. Das paßte gut in Hitlers Pläne, die ja in eine andere Richtung gingen. Er hatte wiederholt vor dem Risiko der Landungsoperation gewarnt und betonte nun erneut seine Skepsis. Dann zog er seine Schlußfolgerung, die Halder in klassischer Kürze in seinem Tagebuch zusammenfaßte: »Englands Hoffnung ist Rußland und Amerika. Wenn Hoffnung auf Rußland wegfällt, fällt auch Amerika weg, weil [auf den] Wegfall Rußlands eine Aufwertung Japans in Ostasien in ungeheurem Maß folgt. [...] Ist aber Rußland zerschlagen, dann ist Englands letzte Hoffnung getilgt. Der Herr Europas und des Balkans ist dann Deutschland. Entschluß: Im Zuge dieser Auseinandersetzung muß Rußland erledigt werden. Frühjahr 1941.« Nun nannte Hitler auch wieder die politischen Ziele: »Später: Ukraine, Weißrußland, Baltische Staaten an uns.«[41]

Damit war er zu seinen Lebensraumzielen aus den zwanziger Jahren zurückgekehrt. Alles spricht dafür, daß er sie immer im Blick gehabt hatte. Ob er die neue strategische Begründung, die er im Juli 1940 vortrug, selbst glaubte oder nur einführte, um seine Führungsgehilfen für den Eroberungskrieg zu gewinnen, ist natürlich kaum zu entscheiden. Vermutlich war beides zugleich der Fall. Wahr ist jedenfalls auch, daß er Mühe hatte, seine Umgebung zu überzeugen. Brauchitsch und Halder hatten sich noch am Abend vor der Besprechung vom 31. Juli darauf verständigt, »daß man besser mit Rußland Freundschaft hält«, und gemeint, ein »Besuch bei Stalin wäre erwünscht«[42]. Im Laufe der folgenden Monate sollte sich zeigen, daß auch noch andere Mitarbeiter Hitlers Bedenken hatten.

Zunächst jedoch war es ihm ziemlich reibungslos gelungen, seine Umgebung von der Zweckmäßigkeit und Durchführbarkeit seines Eroberungskrieges gegen Rußland zu überzeugen. Gewiß wirkte dabei mit, daß Hitlers charismatische Autorität nach dem glänzenden Sieg im Westen nahezu unantastbar war. Doch auch seine Argumentation war nicht ohne Überzeugungskraft. Er stellte seinen Krieg gegen Rußland als ein in erster Linie strategisches Unternehmen hin, das aus dem Dilemma herausführen würde, Britannien in direkter Aktion nicht besiegen zu können. Die britische Unnachgiebigkeit hatte es ihm erspart, nach anderen Begründungen oder Vorwänden suchen zu müssen. Aber auch seine politischen Endziele hatte er nicht verschwiegen und dafür Zustimmung gefunden. In einer Denkschrift der Marine vom 28. Juli 1940 hieß es, »die Sicherheit unseres Heimatlandes« bedürfe auch »des Ausbaus der räumlichen Unangreifbarkeit« und der autarken Versorgung mit Rohstoffen, und dafür sei »Rußland denkbar gut geeignet«[43].

Nicht zuletzt hatte Hitler sich durch seine Argumentation wohl selbst überzeugt. Es war ihm gelungen, in einer idealen Kombination, die schon immer ein Maßstab seines Denkens gewesen war, sein strategisches Nahziel, Britannien zum Einlenken zu zwingen, mit seinem politischen Fernziel, Lebensraum in Rußland zu erobern, zu verbinden. Wenn er Rußland in einem kurzen Feldzug, an dessen Erfolg kaum jemand zweifelte, besiegt hatte, dann hatte er beide Ziele mit einem einzigen Schlage erreicht. Dann mußte Britannien einlenken, und dann war der deutsche Lebensraum für Generationen gesichert. Selbst wenn Britannien danach wider Erwarten immer noch aushalten sollte, es wäre unproblematisch. Deutschland würde im Osten über eine Rohstoffbasis verfügen, von der aus es den Krieg auf nahezu unbegrenzte Zeit fortsetzen könnte. Sogar das Dilemma eines Zweifrontenkrieges, vor dem Hitler immer gewarnt hatte, schien gelöst.

Nach dem 31. Juli 1940 überließ Hitler die Ausarbeitung des Feldzugsplanes dem Generalstab. Bis zum 5. Dezember sprach er darüber nicht mehr[44]. Seine Aufgabe war getan, er hatte die Richtung gewiesen, der Rest war einfach. Das entsprach ganz seiner alten Überzeugung, daß der militärische Erfolg leicht erreichbar sein und Rußland unter einem deutschen Angriff wie ein Koloß auf tönernen Füßen rasch zusammenbrechen werde.

Hitlers einzige Sorge galt der Reaktion anderer Mächte. Wie schon in den zwanziger Jahren sann er über Möglichkeiten, eine diplomatische Lage herbeizuführen, in der Deutschland nicht angegriffen werden konnte, während es selbst die Sowjetunion angriff. Die Gefahr war um so größer, wenn es wider Erwarten nicht gelingen sollte, Rußland binnen weniger Monate niederzuwerfen. Würde England dann nicht irgendwo eingreifen und etwa vom Mittelmeer aus durch die Hintertür Europas auf das Festland zurückzukehren versuchen? Würden die Vereinigten Staaten nicht Britannien und die Sowjetunion unterstützen oder gar wie 1917 abermals intervenieren?

Das waren die Sorgen, die Hitler in den Monaten bis zum Angriff auf Rußland quälten. In dieser Hinsicht ging er mit äußerster Vorsicht zu Werke und ließ kein Land und, weil Amerika einzubeziehen war, keinen Erdteil außer Betracht. Diesem Zweck der Absicherung diente zunächst der am 27. September 1940 geschlossene Dreimächtepakt zwischen Deutschland, Italien und Japan. Er besagte, daß die drei Staaten sich mit allen Mitteln unterstützen würden, falls einer von ihnen von den Vereinigten Staaten angegriffen werden sollte. Er garantierte somit, daß Amerika im Falle seines Kriegseintritts einen Zweifrontenkrieg sowohl im Atlantik wie im Pazifik führen mußte, so daß Deutschland anders als im Ersten Weltkrieg eine ungeteilte amerikanische Intervention nicht zu befürchten brauchte. Der Zweck des Dreimächtepaktes war, die Vereinigten Staaten davon abzuhalten, an der Seite Britanniens in den Krieg einzutreten[45].

Alsdann versuchte Hitler, das europäische Festland gegen

einen möglichen britischen Angriff zu sichern. Zu diesem Zweck begab er sich im Oktober 1940 auf Reisen, um mit dem italienischen Duce Mussolini, dem spanischen Caudillo Franco und dem französischen Staatschef Pétain zu reden. Es sollte ein Kontinentalblock zur Abschreckung Britanniens vor allem im Mittelmeer gebildet werden[46]. Insbesondere sollte Franco mit deutscher Hilfe Gibraltar erobern[47]. Indessen war dieser dazu nicht bereit, auf Vichy-Frankreich schien kein Verlaß, und Mussolini bereitete die herbste Enttäuschung, indem er in ebendiesem Oktober Griechenland überfiel und so den Briten die Rückkehr auf das Festland ermöglichte, die er gerade verhindern sollte. Der geplante Kontinentalblock erwies sich als ungenügende Sicherung.

So bezog Hitler erneut Japan in seine Überlegungen ein. Bezeichnenderweise war er nicht an einer japanischen Teilnahme am Krieg gegen die Sowjetunion interessiert, obwohl ein solches Verlangen nicht aussichtslos war. Aber er war nach wie vor davon überzeugt, daß das Risiko nicht in Rußland lag, sondern in England. Deutschland würde Rußland allein niederwerfen können und brauchte dazu keine Waffenhilfe. England aber mußte abgelenkt werden, und das sollte Japan besorgen. Es sollte, so sagte Hitler am 15. Februar 1941, Singapore angreifen[48]. Dann würde britisches Militärpotential nach Ostasien gebracht werden müssen und könnte nicht in Europa eingesetzt werden. In diesem Sinne redete Hitler auf den japanischen Außenminister Matsuoka ein, als dieser im März und April 1941 Berlin besuchte. Doch auch Japan handelte nicht, wie der deutsche Führer es wünschte.

Indessen hatten alle diese diplomatischen Aktivitäten, auch wenn sie nicht zum Ziele führten, einen großen Vorteil. Sie verhüllten die deutschen Angriffspläne gegen Rußland. Sie erweckten den Eindruck, als sei die Entmutigung Britanniens das letzte deutsche Kriegsziel, während es in Wirklichkeit darum ging, den Eroberungsfeldzug gegen Rußland abzusichern. Er war das eigentliche Ziel, und ihm waren alle anderen Maßnahmen untergeordnet.

Sie hatten allerdings für Hitler auch den Nachteil, daß sie von seiner Umgebung zunehmend als eine wirkliche Alternative angesehen wurden. Mehr und mehr wurde dort die Frage gestellt, ob der Angriff auf Rußland, über den in der Siegesstimmung vom Juli 1940 so rasch Einvernehmen erzielt worden war, wirklich den Interessen Deutschlands entsprach. Sollte nicht doch erst Britannien niedergerungen werden? Solche Überlegungen verstärkten sich, als der sowjetische Außenminister Molotow im November 1940 zu einem Besuch nach Berlin kam. Die Sowjetunion hatte nicht den geringsten Anlaß zu Hitlers angeblicher Vermutung gegeben, sie sei eine berechtigte Hoffnung Englands. Konnte man sie nicht vielleicht sogar für ein gemeinsames Vorgehen gegen England gewinnen? Selbst Außenminister Ribbentrop sah im Kontinentalblock eine wirkliche Alternative und dachte daran, die Sowjetunion zum Anschluß an den Dreimächtepakt aufzufordern, um England auf diese Weise die letzte Hoffnung zu nehmen[49].

Zudem hatte sich die Lage im Mittelmeerraum verändert. Italien hatte im September von Libyen aus Ägypten und im Oktober von Albanien aus Griechenland angegriffen. Statt aber die Briten aus dem Mittelmeer zu vertreiben und ihnen den Suezkanal zu versperren, war Mussolini an beiden Fronten alsbald in Bedrängnis geraten und mußte um deutsche Waffenhilfe bitten. So zeichnete sich im November ab, daß im Frühjahr 1941 deutsche Truppen sowohl auf den Balkan wie nach Nordafrika entsandt werden würden. Wenn aber auf diese Weise der Kampf mit Britannien wiederaufgenommen wurde, sollte man ihn dann nicht mit allen Mitteln führen und dort die Entscheidung suchen, statt ohne Not zusätzlich eine neue Front in Osteuropa zu eröffnen? Halder schlug vor, auf dem Wege über den Balkan die britischen Nahostpositionen anzugreifen[50], und auch andere Militärs dachten auf diesen Bahnen. Während sie im Sommer Hitlers Argument, der Krieg gegen Rußland sei ein geeignetes Mittel im Kampf gegen England, akzeptiert hatten, meinten sie nun, der Krieg im Mittelmeerraum sei das geeignetere Mittel, zumal da er ohnehin schon entbrannt war.

Hitler aber wollte den Krieg gegen Rußland nach wie vor. Am 12. November 1940, genau an dem Tage, an dem Molotow in Berlin eintraf, legte er in einer Weisung fest: »Politische Besprechungen mit dem Ziel, die Haltung Rußlands für die nächste Zeit zu klären, sind eingeleitet. Gleichgültig, welches Ergebnis diese Besprechungen haben werden, sind alle schon mündlich befohlenen Vorbereitungen für den Osten fortzuführen.«[51] Er brauchte jedoch abermals eine neue Begründung, und er fand sie. Am 11. November sagte er zu Generalfeldmarschall von Bock: »Was im Osten werden soll, ist noch eine offene Frage; die Verhältnisse können uns dort zum Eingreifen zwingen, um einer gefährlichen Entwicklung zuvorzukommen.«[52] Damit stellte er den Krieg gegen Rußland als Präventivkrieg hin. Das war Hitlers neues Argument, das er von nun an ständig wiederholte.

Im Sommer war dieses Argument überhaupt nicht verwendet worden; im Gegenteil hatte es damals geheißen, es lägen »keine Anzeichen für russische Aktivität uns gegenüber vor«[53]. Zwar ließen sich etwa in den sowjetischen Rüstungsanstrengungen einige Begründungen auch für das neue Argument finden. Aber es kann keinen Zweifel geben, daß Hitler selbst nicht daran glaubte. Vor allem der erneute Wechsel in der Argumentation zeigt, daß sie nur ein Vorwand war und jedenfalls das Hauptmotiv verhüllte.

Hitler wollte seit den zwanziger Jahren Lebensraum in Rußland erobern. Das war immer sein Hauptmotiv gewesen. Doch hatte er dies nicht in den Vordergrund rücken können, als er seine Umgebung für seinen Plan zu gewinnen versuchte. Deswegen hatte er in den dreißiger Jahren zumeist nur undeutlich vom Erwerb von Lebensraum im Osten gesprochen, ohne Rußland zu nennen. Und deswegen suchte er seit dem Zusammenbruch Frankreichs, als endlich die Voraussetzungen geschaffen worden waren, ständig nach neuen Argumenten. So hatte er zuerst am 2. Juni 1940, als er noch mit dem Einlenken Englands rechnete, ideologische Gründe vorgeschoben (»Auseinandersetzung mit dem Bolschewismus«), dann im Juli, als England nicht einlenkte, strategische (»Englands Hoffnung ist Rußland«), und nun im November waren es präventive (»um einer gefährlichen Entwicklung zuvorzukommen«). Die Begründungen hatten gewechselt, aber die Entschlossenheit war gleich geblieben, und schon das zeigt, daß das eigentliche Hauptmotiv immer dasselbe war.

So gelang es Hitler, die Wehrmacht in den Krieg gegen Rußland zu führen. Kaum war der Besuch Molotows beendet, da sagte er am 15. November, »er habe sich sowieso davon nichts versprochen«, und am selben Tag gab er den Befehl zum Bau seines Führerhauptquartiers bei Rastenburg in Ostpreußen[54]. Am 17. Dezember ließ er sich den Feldzugsplan vorlegen und gab dem Unternehmen, das die Militärs bisher unter dem harmlosen Decknamen »Fritz« geführt hatten, die programmatische Bezeichnung »Barbarossa«[55]. Tags darauf unterzeichnete er die Weisung: »Die deutsche Wehrmacht muß darauf vorbereitet sein, auch vor

Beendigung des Krieges gegen England Sowjetrußland in einem schnellen Feldzug niederzuwerfen[56].«

Zu Anfang des Jahres 1941 änderte Hitler noch einmal in vielsagender Weise seine Argumentation. In einer großen Besprechung mit den militärischen Chefs, zu der auch der Außenminister hinzugezogen wurde, erinnerte Hitler am 9. Januar zunächst seine Zweifler daran, daß er »die Erfolgsaussichten für die Feldzüge in Polen und im Westen optimistisch beurteilt« habe. Damit beanspruchte er diesen Optimismus auch für den Rußlandfeldzug. Dann wiederholte er das strategische Argument vom Sommer 1940: »Was England aufrecht halte, sei die Hoffnung auf USA und Rußland.« Dann folgte das neue präventive Argument vom Herbst: »Stalin, der Herr Rußlands, sei ein kluger Kopf; er werde nicht offen gegen Deutschland auftreten, man müsse aber damit rechnen, daß er in für Deutschland schwierigen Situationen in wachsendem Maße Schwierigkeiten machen werde. Er wolle das Erbe des verarmten Europas antreten, habe auch Erfolge nötig und sei von dem Drang nach dem Westen beseelt.«

Dann kam die Änderung. »Die russische Wehrmacht«, so wiederholte Hitler zunächst seine alte Auffassung, »sei zwar ein tönerner Koloß ohne Kopf«. Doch zog er daraus nun nicht mehr den alten Schluß, der Feldzug werde ein leichtes Unternehmen sein. »Trotzdem«, so fuhr er im Gegenteil fort, »dürfe der Russe auch jetzt nicht unterschätzt werden. Der deutsche Angriff müsse daher mit stärksten Kräften geführt werden.« Was Hitler mit dieser Bemerkung einleitete, wird im nächsten Kapitel deutlich werden. Und dann schloß er, indem er seine eigentlichen Ziele wiederum nur verhüllend andeutete: »Der russische Riesenraum berge unermeßliche Reichtümer. Deutschland müsse ihn wirtschaftlich und politisch beherrschen, jedoch nicht angliedern. Damit verfüge es über alle Möglichkeiten, in Zukunft auch den Kampf gegen Kontinente zu führen, es könne dann von niemand mehr geschlagen werden. Wenn diese Operation durchgeführt würde, werde Europa den Atem anhalten.«[57]

Hitler konnte nun endlich zu der eigentlichen Aufgabe seines Lebens aufbrechen. Seit fünfzehn Jahren hatte er die Erfüllung erstrebt. Als Frankreich im Juni 1940 zusammenbrach, hatte er den Entschluß angekündigt. Es war nicht immer leicht gewesen, die Gehilfen zu überzeugen. Auch ein so mächtiger Herrscher wie er konnte ein solches Unternehmen nicht einfach anordnen. Doch jetzt hatte er den Apparat auf die Bahn gesetzt. Er konnte das eine seiner zwei Ziele, die Eroberung von neuem Lebensraum im Osten, verwirklichen. Damit begann für ihn der eigentliche Krieg. Alles andere waren nur vorbereitende Feldzüge gewesen. Und jetzt konnte er auch das andere Ziel erreichen, die endgültige Entfernung der Juden.

Mit diesen Überlegungen fiel Hitler am Sonntag, dem 22. Juni 1941 mit drei Millionen deutschen Soldaten in Rußland ein[58].

4. Kapitel

Der Weg zum Mord an den Juden

Die Entfernung der Juden war Hitlers ältestes Ziel. Schon in einem Brief vom 16. September 1919, dem ersten politischen Schriftstück seines Lebens, hatte er geschrieben, das letzte Ziel des Antisemitismus müsse »unverrückbar die Entfernung der Juden überhaupt sein«[1]. Der Zusammenhang und die Äußerungen der folgenden Jahre zeigen, daß Hitler anfänglich meinte, die in Deutschland lebenden Juden sollten aus Deutschland entfernt und in andere Länder gebracht werden[2].

Nach 1924 gewann der Begriff der Entfernung gelegentlich die Bedeutung von Tötung, obwohl einige Formulierungen vermuten lassen, daß Hitler diese Lösung schon vorher erwogen hatte. Im zweiten Band von »Mein Kampf« schrieb er jedenfalls eindeutig, daß die Entfernung nur »durch das Schwert« möglich und ein solcher Vorgang ein »blutiger« sei[3]. Jetzt erläuterte er auch ausführlich, daß die Judenfrage eine Bedeutung für die ganze Welt habe, und bedauerte, daß zu Beginn und während des Ersten Weltkrieges nicht zwölf- oder fünfzehntausend Juden durch Giftgas beseitigt worden seien[4].

Wenn man das wörtlich nimmt, dann meinte er die Tötung eines Teiles der jüdischen Bevölkerungsgruppe in Deutschland, deren Gesamtzahl er auf 600000 schätzte[5], und zwar im Kriege und als Mittel, um den Krieg zu gewinnen. Daß die jüdische Gefahr nicht erkannt worden sei, nannte er die letzte und ausschlaggebende Ursache des deutschen Zusammenbruchs von 1918[6]. Kein anderer Antisemit hatte jemals ausdrücklich vorgeschlagen, die Judenfrage auf dem Wege von systematischen Tötungen durch den Staat zu lösen[7]. Undeutlich deutete Hitler überdies an, es sei wünschenswert, daß auch andere Nationen ihre Juden entfernten.

In »Mein Kampf« und besonders in einem weiteren Buch, das er 1928 schrieb[8], begründete Hitler ausführlich, warum er die Entfernung der Juden wünschte. Sein Judenhaß war gewiß irrational, aber darum nicht weniger genau begründet, und die Gründe sind zur Erklärung seiner Maßnahmen äußerst wichtig[9]. Nach Hitlers Ansicht waren die Juden keine Religionsgemeinschaft, sondern ein Volk oder auch eine Rasse. Als Volk nahmen sie an dem allgemeinen Kampf der Völker um Macht teil. Da sie aber keinen territorialen Staat hatten, konnten sie an dem Kampf nicht in normaler Weise teilnehmen. Denn die normale Form des Kampfes um Macht war Kampf um Lebensraum. Deswegen führten die Juden den Kampf um Macht mit anderen Mitteln. Ihr Gegner war nicht diese oder jene andere Nation, sondern das Prinzip der Nation schlechthin. Somit kämpften sie gegen den Sinn der Natur und der Geschichte. Deswegen waren sie der Feind nicht nur des deutschen Volkes, sondern aller Völker, und ihre Entfernung war nicht nur eine nationale, sondern eine universale Aufgabe.

Aus dieser Begründung ergab sich eine grundsätzliche Schwierigkeit für Hitlers antijüdische Politik. Als Deutscher mußte er die Entfernung der deutschen Juden wünschen, weil sie die Fähigkeit Deutschlands zum Kampf um Lebensraum untergruben. Daraus hätte er eigentlich den Schluß ziehen müssen, daß die Verbringung der deutschen Juden in andere Länder, die Deutschlands Konkurrenten im

Kampf um Lebensraum waren, diese Länder schwächte und folglich von Vorteil für Deutschland war. Doch Hitler zog diesen Schluß nicht ausdrücklich. Bezüglich der Juden glaubte er, nicht für Deutschland allein handeln zu dürfen. Die Judenfrage war ihm so wichtig für die ganze Welt, daß er die Entfernung aller Juden wünschen mußte. Sie sollten vollständig und überall entfernt werden[10].

Insofern war Hitlers selbstgestellte Aufgabe in der Rassenpolitik schwieriger als in der Außenpolitik. In der Außenpolitik hatte er nur die Interessen Deutschlands zu verfolgen. In der Rassenpolitik jedoch mußte er zugleich die Interessen Deutschlands und diejenigen der Menschheit verfolgen. Hitler war unfähig, in dieser Hinsicht Prioritäten zu setzen, und diese Unfähigkeit kam in seinen Handlungen immer wieder zum Ausdruck. Zudem war Hitlers Aufgabe in der Rassenpolitik noch in einer anderen Hinsicht schwieriger als in der Außenpolitik. Eroberungskriege waren nicht neuartig, sie konnten mit dem konventionellen Apparat der Armee geführt werden, und Hitler mochte zuversichtlich sein, daß er zu gegebener Zeit einen passenden Vorwand finden werde. Die Tötung der Juden jedoch war neuartig, es gab keinen bestehenden Apparat dafür, und Vorwände würden weitaus schwieriger zu finden sein. Auch das kam in Hitlers Handlungen immer wieder zum Ausdruck.

Nach dem Machtantritt und zumal nach der Reichstagswahl vom 5. März 1933 traten zunächst Schwierigkeiten noch anderer Art auf. Als Folge der antisemitischen Propaganda kam es an verschiedenen Orten in Deutschland zu wilden Ausschreitungen gegen Juden, und das führte zu heftigen Protesten vor allem im Ausland. Hitler aber hatte Pogrome immer abgelehnt und statt dessen die planmäßige gesetzliche Bekämpfung der Juden und ihre Entfernung gefordert[11]. Nun durfte er seine Anhänger nicht enttäuschen und mußte doch die Pogromstimmung unter seine Kontrolle bringen. Am 25. März verkündete er Goebbels seinen Entschluß, einen planmäßigen befristeten Boykott jüdischer Geschäfte zu veranstalten, und ernannte den Gauleiter Julius Streicher, den wildesten aller nationalsozialistischen Pogromantisemiten, zum Leiter der Aktion[12]. Der Boykott fand am 1. April statt und wurde noch am selben Abend weisungsgemäß beendet. Hitler hatte sich an die Spitze der Bewegung gesetzt und die Zügel wieder an sich genommen. Statt weiterer Pogrome folgten nun gesetzliche Maßnahmen, deren erste am 7. April die Juden aus dem Staatsdienst vertrieb und die im Laufe der folgenden Jahre zur vollständigen Entrechtung der deutschen Juden führten[13].

Zugleich mit der Entrechtung wurde die Entfernung der Juden aus Deutschland betrieben. Möglichst viele von ihnen sollten auswandern[14]. Tatsächlich hatten bis Ende 1937 etwa 150000 oder ein Drittel aller Juden Deutschland verlassen. Dann kamen mit dem Anschluß Österreichs am 13. März 1938 200000 neue hinzu. Obwohl ein Viertel von ihnen binnen sechs Monaten das Land verließ, hatte Großdeutschland Ende 1938 wieder so viele Juden, wie Deutschland 1933 gehabt hatte.

Danach trat eine Verschärfung der antijüdischen Politik ein. Nicht nur wurde die Auswanderung forciert. Es kam erstmals auch zu Deportationen. Ende Oktober 1938 wurden auf Veranlassung des Auswärtigen Amtes etwa 17000 Juden polnischer Staatsangehörigkeit aus Deutschland nach Polen ausgewiesen[15]. Daraus ergab sich eine Kettenreaktion sehr unterschiedlicher Maßnahmen. Am 7. November schoß der ausgewanderte 17jährige Jude Herschel Grünspan (Grynszpan), nachdem er erfahren hatte, daß seine

Eltern zu den Deportierten gehörten, in der Deutschen Botschaft in Paris auf den Gesandtschaftssekretär Ernst vom Rath und verletzte ihn schwer[16]. Während Hitler dem Vorfall keine Bedeutung beizumessen schien[17], ordnete Goebbels sogleich drohende Kommentare in der Presse an und löste am Abend des 9. November, als die Nachricht vom Tode Raths eingetroffen war, ein Pogrom aus, in dessen Verlauf im ganzen Lande fast alle Synagogen niedergebrannt, viele Juden getötet oder verletzt, verhaftet und mißhandelt und zahlreiche jüdische Geschäfte geplündert und zerstört wurden[18].

Es entsprach der Herrschaftsform des Regimes, daß sich die führenden Nationalsozialisten gerade in dem zentralen Bereich des Antisemitismus an Aktivität überboten. Wenn Goebbels aber, wie es scheint, geglaubt hatte, mit seinen Maßnahmen die Gunst Hitlers, die er in letzter Zeit verloren hatte[19], zurückzugewinnen und neue Zuständigkeiten zu erringen, war er einem Irrtum erlegen. Hitler lehnte Pogrome nach wie vor ab, und obwohl er sich von ihnen natürlich nicht distanzieren konnte, übertrug er die oberste Zuständigkeit in der Judenfrage nun Göring[20]. Dieser berief auf den 12. November eine große Besprechung ein und sagte, jetzt müsse etwas geschehen: »Denn, meine Herren, diese Demonstrationen habe ich satt.«[21] Was unter Göring geschehen sollte, war vor allem die planmäßige Vertreibung der Juden aus dem Wirtschaftsleben und aus dem Lande. Am 24. Januar 1939 beauftragte er den Reichsinnenminister Frick, »die Auswanderung der Juden aus Deutschland [. . .] mit allen Mitteln zu fördern«. Im Innenministerium wurde eine »Reichszentrale für die jüdische Auswanderung« gebildet, deren Leitung der Chef der Sicherheitspolizei, Reinhard Heydrich, übernahm[22].

Bei der Einweisung Görings sagte Hitler aber noch etwas

anderes, was Göring unter Berufung auf das Gespräch mit Hitler in der Besprechung vom 12. November 1938 so wiedergab: »Wenn das Deutsche Reich in irgendeiner absehbaren Zeit in außenpolitischen Konflikt kommt, so ist es selbstverständlich, daß auch wir in Deutschland in allererster Linie daran denken werden, eine große Abrechnung an den Juden zu vollziehen.«[23] Ähnlich erklärte Hitler am 24. November einem ausländischen Staatsmann, die Judenfrage »würde in der nächsten Zeit gelöst werden«[24]. Am selben Tage schrieb die Zeitung der SS »Das schwarze Korps«: »Im Stadium einer solchen Entwicklung ständen wir daher vor der harten Notwendigkeit, die jüdische Unterwelt genauso auszurotten, wie wir in unserem Ordnungsstaat Verbrecher eben auszurotten pflegen: Mit Feuer und Schwert. Das Ergebnis wäre das tatsächliche und endgültige Ende des Judentums in Deutschland, seine restlose Vernichtung.«[25] Am 21. Januar 1939 erklärte Hitler dem tschechischen Außenminister, »die Juden würden bei uns vernichtet«[26].

Am 30. Januar 1939 schließlich verkündete Hitler vor dem Reichstag: »Ich will heute wieder ein Prophet sein: Wenn es dem internationalen Finanzjudentum inner- und außerhalb Europas gelingen sollte, die Völker noch einmal in einen Weltkrieg zu stürzen, dann wird das Ergebnis nicht die Bolschewisierung der Erde und damit der Sieg des Judentums sein, sondern die Vernichtung der jüdischen Rasse in Europa.«[27]

Vielsagend war in diesen Verlautbarungen immer wieder von einem Zusammenhang zwischen Krieg und Vernichtung der Juden die Rede. Hitler hatte schon in »Mein Kampf« darauf verwiesen und den Hinweis seitdem gelegentlich wiederholt[28]. Nun, da der Krieg bevorstand, weihte er Göring ein, und dann sprach er auch öffentlich davon. Am

10. Februar 1939 sagte er vor Truppenkommandeuren der Wehrmacht: »Ich halte es [für] besonders wichtig, daß das Offizierkorps eine Kenntnis der Gedankengänge besitzt, die mich nicht etwa nur im Jahre 1938, sondern überhaupt seit vielen, vielen Jahren bewegten.« Die seit 1933 verwirklichten Entschlüsse, fuhr er fort, seien »nicht das Ergebnis augenblicklicher Überlegungen, sondern sie sind die Durchführung eines an sich vorhandenen Planes, nur vielleicht unter nicht genauer Einhaltung vorgesehener Termine«. Und dann: »Der nächste Kampf wird ein reiner Weltanschauungskrieg sein, d. h. bewußt ein Volks- und ein Rassenkrieg sein.«[29]

Am 1. September 1939 begann der Krieg gegen Polen. Es gibt einige Anzeichen, daß Hitler damals in der galizischen Ukraine Pogrome hervorrufen lassen wollte, die die Ausrottung von Juden zur Folge haben sollten. Vor allem in Besprechungen mit Göring, Ribbentrop, dem OKW-Chef General Wilhelm Keitel und anderen Militärs in seinem Sonderzug, der in Illnau bei Oppeln stand, scheint er am 12. September derartige Wünsche geäußert zu haben[30]. Es waren fünf Einsatzgruppen der Sicherheitspolizei gebildet worden, die unter anderem Tötungen vornahmen[31]. Aber sie unterstanden dem Heer, das vielfach gegen diese Maßnahmen einschritt und sie sogar kriegsgerichtlich verfolgte[32]. Daraus entstand ein schwerer Konflikt, der dazu führte, daß Hitler schon am 15. September die vollziehende Gewalt in den besetzten polnischen Gebieten dem Nationalsozialisten Hans Frank übertrug und sie am 25. Oktober endgültig dem Oberbefehlshaber des Heeres entzog[33]. Wenn Hitler geglaubt hatte, die Vernichtung der Juden mit Hilfe oder auch nur mit Billigung des Heeres in Gang bringen zu können, sah er sich getäuscht. Er hatte die Schwierigkeiten unterschätzt. Eine Reihe von Entscheidungen deuten daraufhin, daß er nun

Himmler mit der Aufgabe betraute und in Zukunft planvoller vorzugehen gedachte.

Am 26. September kehrte er nach Berlin zurück. Zuvor hatte er noch die ihm persönlich unterstehende »Kanzlei des Führers der NSDAP« mit der Tötung von Geisteskranken beauftragt[34]. Jetzt wird er auch Himmler eingewiesen haben. Der Auftrag lautete auf »Festigung deutschen Volkstums«, und Himmler legte sich daraufhin zu seinen übrigen Titeln auch noch den eines Reichskommissars für die Festigung deutschen Volkstums zu. In dem entsprechenden, am 7. Oktober 1939 unterzeichneten Erlaß wurden ihm drei Aufgaben zugewiesen[35]. Die erste und die dritte betrafen die Zurückführung von Reichs- und Volksdeutschen aus dem Ausland und ihre »Seßhaftmachung« in neuen deutschen Siedlungsgebieten. Ribbentrop hatte am 28. September in Moskau ein Abkommen unterzeichnet, in dem die Sowjetregierung dieser Zurückführung aus ihren »Interessengebieten« zustimmte[36]. Die Interessengebiete waren die im Geheimen Zusatzprotokoll zum Nichtangriffsvertrag vom 23. August 1939 vereinbarten »Interessensphären«, also vor allem die baltischen Staaten, die der Sowjetunion zufielen und aus denen nun in der Tat die Deutschstämmigen ausgesiedelt wurden, und zwar »nach Deutschland oder in die deutschen Interessengebiete«, und letztere wiederum waren die besetzten polnischen Gebiete. Davon hatte sich Deutschland ungefähr die Hälfte »eingegliedert«, und in diesen neuen Reichsgauen Danzig-Westpreußen und Wartheland sollte Himmler nun neue deutsche Siedlungsgebiete gestalten.

Andersgeartet war die zweite seiner drei Aufgaben. Sie lautete auf »Ausschaltung des schädigenden Einflusses von solchen volksfremden Bevölkerungsteilen, die eine Gefahr für das Reich und die deutsche Volksgemeinschaft bedeuten«, und diesen Bevölkerungsteilen sollte Himmler »bestimmte Wohngebiete zuweisen« können. Das hieß Deportation und für die Juden Gettoisierung, wenn nicht mit »Ausschaltung« überhaupt schon die Vernichtung gemeint war. Dafür spricht eine weitere Bestimmung dieses Erlasses: »Personen, die zur Durchführung dieser Aufgaben mit Sonderaufträgen versehen sind, unterstehen insoweit nicht der Wehrmachtsgerichtsbarkeit.« Welche Sonderaufträge konnten denn wohl von Gerichten geahndet werden? Hitler fürchtete derlei Eingriffe nach seinen Erfahrungen im Polenfeldzug offenbar so sehr, daß er am 17. Oktober 1939 auch allgemein die Herauslösung von SS und Polizei aus der Wehrmachts- und ordentlichen Gerichtsbarkeit verfügte und statt dessen die Einrichtung einer Sondergerichtsbarkeit in Strafsachen für hauptberufliche Angehörige der Reichsführung-SS sowie für Angehörige der SS-Verfügungstruppe, der SS-Totenkopfverbände und der Polizeiverbände »bei besonderem Einsatz« anordnete[37].

Was immer Hitler zu Himmler gesagt hatte, dieser verstand oder wollte verstehen, daß er einen Auftrag zu Umsiedlungen erhalten hatte. Es setzte eine Welle von Deportationen ein. Der hauptsächliche Zielort war das besetzte Polen, soweit es nicht eingegliedert worden war, das jetzt so genannte Generalgouvernement, wo die Nationalsozialisten endlich einen geeigneten Abladeplatz für die Juden gefunden zu haben schienen, deren Zahl während der letzten Gebietserwerbungen noch einmal beträchtlich zugenommen hatte. Schon am 21. September 1939 hatte Heydrich in einer Besprechung mitgeteilt, Hitler habe die Deportation der Juden aus Deutschland und aus den eingegliederten (ehemals polnischen) Gebieten nach Restpolen genehmigt[38]. Am selben Tage hatte er die Chefs der Einsatzgruppen angewiesen, die Juden in Restpolen in möglichst wenigen Städten mit guten Eisenbahnverbindungen zu konzentrieren (»sodaß die späteren Maßnahmen erleichtert werden«) und überall jüdische Ältestenräte zu bilden, und er hatte erläuternd hinzugefügt, die Konzentrierung in den Städten sei eine »erste Vorausnahme« [sic] für das »streng geheim« zu haltende »Endziel (welches längere Fristen beansprucht)«[39]. Dies ist einer von mehreren Hinweisen darauf, daß Heydrich seinen Führer besser verstand oder verstehen wollte als Himmler. Eine Woche später überließen die Sowjets den Deutschen die Wojewodschaft Lublin, die ursprünglich in ihre Interessensphäre gefallen war, und schon am nächsten Tage, dem 29. September, sagte Hitler zu Alfred Rosenberg, er wolle jetzt das gesamte Judentum in dieses Gebiet zwischen Weichsel und Bug verbringen[40].

Das Unternehmen stieß jedoch auf zahllose Schwierigkeiten und endete mit einem Fehlschlag. Generalgouverneur Frank beschwerte sich fortgesetzt, daß er die betroffenen Personen nicht unterbringen könne[41]. Gewiß wurden etwa 50 Prozent der Juden und 10 Prozent der übrigen Polen aus den eingegliederten Gebieten in das Generalgouvernement deportiert und ihre Wohnungen für deutsche Umsiedler zur Verfügung gestellt. Aber aus dem Reich, aus Österreich und Pommern sowie Mähren, konnten nur einige tausend Juden deportiert werden[42]. Im März 1940 mußte Göring alle Evakuierungen in das Generalgouvernement untersagen[43], und Hitler sagte zu einem schwedischen Besucher, auch die Bildung eines Judenstaates um Lublin herum würde nie eine Lösung bedeuten[44].

Der Sieg über Frankreich eröffnete neue Aussichten. Schon am 25. Mai 1940, zwei Wochen nach dem Beginn des Westfeldzuges, übergab Himmler Hitler eine ausführliche Denkschrift, in der die »Auswanderung sämtlicher Juden nach Afrika oder sonst in eine Kolonie« vorgesehen war[45].

Am 24. Juni, unmittelbar nach dem Waffenstillstand, schrieb Heydrich an Ribbentrop: »Das Gesamtproblem – es handelt sich bereits um rund 3 ¼ Millionen Juden in den heute deutscher Hoheitsgewalt unterstehenden Gebieten – kann durch Auswanderung nicht mehr gelöst werden; eine territoriale Endlösung wird daher notwendig.«[46] Vermutlich wollte er den Außenminister veranlassen, bei den erwarteten Friedensverhandlungen ein solches Territorium von Frankreich zu erwerben. Der Madagaskar-Plan lebte wieder auf[47]. Hitler erwähnte ihn anscheinend schon am 18. Juni gegenüber Mussolini[48] und sicher am 8. Juli gegenüber Frank, dem er auch sagte, es werde keine Judentransporte ins Generalgouvernement mehr geben[49].

Freilich gibt es auch einen allerdings etwas unsicheren Hinweis, daß Hitler unmittelbar nach dem Frankreichfeldzug Himmler in das Führerhauptquartier rufen ließ und ihm eröffnete, er, Himmler, werde die Ausrottung der europäischen Juden durchführen müssen[50]. Wenn man bedenkt, wie rasch Hitler damals in seiner Siegesstimmung den Krieg gegen Rußland ankündigte[51], dann erscheint es durchaus möglich, daß er zur selben Zeit auch wieder von dem anderen Hauptziel seines Lebens sprach. Für ihn hingen beide Ziele ja eng miteinander zusammen.

Nach außen hin jedoch schien die deutsche Politik immer noch zu sein, die Juden durch Auswanderung oder Deportation loszuwerden. Im Juli 1940 wurden Juden aus dem Elsaß und aus Lothringen, im Oktober diejenigen aus Südwestdeutschland nach Vichy-Frankreich abgeschoben[52]. Aber das war natürlich nur ein sehr begrenzter Abladeplatz, und indem sich der Abschluß eines Friedensvertrages als unmöglich erwies, verschwand auch der Madagaskar-Plan wieder aus der Diskussion. Es gibt keinen Hinweis, daß Hitler ihn je ernsthaft ins Auge faßte.

Die entscheidende Wende kam mit dem Herannahen des Krieges gegen Rußland. Die militärischen Vorbereitungen begannen im August 1940. Am 20. September erklärte Frank seinen Mitarbeitern in Krakau, »daß es der Führer angesichts der Entwicklung der weltpolitischen Situation für notwendig gehalten habe, dem Generalgouvernement seine besondere Aufmerksamkeit zu widmen. Bis zum Juni 1941 solle die gesamte technische Transportapparatur auf einen Stand gebracht werden, der etwa dem für das Deutsche Reich maßgebenden entspreche. [. . .] In das Gebiet des Generalgouvernements komme eine gewaltige Armee, die viele Divisionen umfasse. [. . .] Weitere Umsiedlungen fänden nicht mehr statt. Der Plan, nach welchem noch in diesem Jahre über 350 000 Juden aus Deutschland in das Generalgouvernement aufgenommen werden sollten, sei ebenfalls aufgegeben worden.«[53] Offensichtlich wurde Polen nun das Aufmarschgebiet der deutschen Truppen für den Einmarsch nach Rußland, und begreiflicherweise waren weitere Deportationen mit dieser militärischen Aufgabe unvereinbar.

Indessen gab es noch einmal eine Abweichung von diesem Grundsatz. Im November 1940 erfuhr Frank, er werde erneut Umsiedler aufnehmen müssen[54]. Hitler entschied auf Drängen des Gauleiters Baldur von Schirach, die noch im Reichsgau Wien wohnhaften 60 000 Juden »wegen der in Wien herrschenden Wohnungsnot« beschleunigt ins Generalgouvernement abzuschieben[55]. Tatsächlich wurden im Februar und März 1941 rund 5000 abgeschoben[56]. Dann wurden die Deportationen abermals unterbrochen, und am 16. März sagte Hitler zu Frank, man stehe »vor einem Ereignis, jenseits dessen etwas anderes erstehen wird«, und das Generalgouvernement »werde als erstes Gebiet judenfrei gemacht«[57].

Drei Tage zuvor hatte Himmler Sonderaufgaben für den Rußlandfeldzug, der natürlich mit dem »Ereignis« gemeint war, erhalten. Das hatte eine längere Vorgeschichte, und da in ihr die entscheidenden Weisungen erteilt worden sein müssen, muß sie besonders genau untersucht werden. Am 18. Dezember 1940 hatte Hitler die Weisung Nr. 21 »Barbarossa« unterzeichnet[58]. Am selben Tage war im Wehrmachtführungsstab des OKW auch ein Entwurf zu »Richtlinien auf Sondergebieten zur Weisung Nr. 21« fertiggestellt worden[59]. Während die Weisung selbst die militärischen Operationen betraf, regelten die Richtlinien Fragen der Abgrenzung des Operationsgebietes, der Befehlsbefugnisse und der politischen Verwaltung rückwärts des Operationsgebietes. Doch Hitler hatte die Richtlinien zunächst noch nicht unterzeichnet. Er war am 22. Dezember zu Weihnachtsfeiern mit seinen Truppen nach Frankreich gefahren und hielt sich danach bis zum 27. Januar 1941 auf seinem Berghof auf, wo er sich gern, wie er gelegentlich sagte, den Kopf frei machte für weitere Entschlüsse. Dort fand am 9. Januar die schon erwähnte Besprechung statt, in der Hitler erstmals vor einer Unterschätzung Rußlands warnte[60].

Am 28. Januar fuhr er nach Berlin und hielt dort am 30. im Sportpalast eine Rede zum 8. Jahrestag der Machtübernahme. Darin sagte er unter anderem: »Und nicht vergessen möchte ich den Hinweis, den ich schon einmal, am 1. September 1939, im Deutschen Reichstag gegeben habe. Den Hinweis darauf nämlich, daß, wenn die andere Welt von dem Judentum in einen allgemeinen Krieg gestürzt würde, das gesamte Judentum seine Rolle in Europa ausgespielt haben wird! Sie mögen auch heute noch lachen darüber, genau so wie sie früher über meine Prophezeiungen lachten. Die kommenden Monate und Jahre werden erweisen, daß ich auch hier richtig gesehen habe.«[61] So gut Hitler sich erinnerte, die Datierung war falsch. Am 1. September 1939, dem Tag des Kriegsbeginns gegen Polen, hatte er zwar auch im Reichstag gesprochen, die Judenfrage jedoch gar nicht erwähnt. Er meinte seine Ankündigung vom 30. Januar 1939, und es war, wie sich später zeigen sollte, kein Irrtum, daß er sie nun am Vorabend des Krieges gegen Rußland auf den Tag des Kriegsbeginns umdatierte.

Danach kehrte er noch einmal für mehrere Wochen auf den Berghof zurück, und dort muß er dann den Entwurf vom 18. Dezember 1940 zu Richtlinien auf Sondergebieten durchgesehen haben[62]. Am 3. März 1941 hatte General Jodl den Entwurf umgearbeitet und sandte ihn seinem Stellvertreter im Wehrmachtführungsstab »mit der Bemerkung zurück, daß der Entwurf dem Führer vorgelegen und derselbe daraufhin folgende Richtlinien für die endgültige Fassung gegeben habe«[63]. Dann folgte zunächst eine nicht für die endgültige Fassung bestimmte und später auch nicht in sie aufgenommene grundsätzliche Erläuterung Hitlers. Sie begann mit den Worten: »Dieser kommende Feldzug ist mehr als nur ein Kampf der Waffen; er führt auch zur Auseinandersetzung zweier Weltanschauungen.« Dann nannte Hitler mehrere Grundsätze. Einer von ihnen hieß: »Die jüdisch-bolschewistische Intelligenz, als bisheriger ›Unterdrücker‹ des Volkes, muß beseitigt werden.« Und schließlich: »Diese Aufgaben sind so schwierig, daß man sie nicht dem Heere zumuten kann.« Man kann dies eine interne Präambel zur Förderung des Verständnisses nennen. Wie einst in »Mein Kampf« argumentierte Hitler, die Juden seien die Führungsschicht in der Sowjetunion, und gab zu verstehen, daß man sie beseitigen müsse, um den Staat zu zerstören. Er stellte sie ferner als die »Unterdrücker« des Volkes hin und gab damit zu verstehen, daß man bei ihrer Beseitigung auf Mithilfe des Volkes rechnen könne. Mehr brauchten die Militärs nicht zu wissen. Sie sollten die Aufgaben ja nicht ausführen. Sie sollten die Ausführung nur nicht wie in Polen behindern können.

Deswegen bestimmte Hitler im einzelnen: »Das Heer brauche ein Operationsgebiet. Man müsse es aber der Tiefe nach so weit wie möglich beschränken. Dahinter sei keine militärische Verwaltung einzurichten. An ihre Stelle hätten vielmehr für bestimmte volkstumsmäßig abzugrenzende Großräume Reichskommissare zu treten«. Das hieß, daß Hitler die Befugnisse des Heeres von vornherein auf das Kampfgebiet im engeren Sinne beschränken und dahinter seinen nationalsozialistischen Reichskommissaren die ausführende Gewalt zur Gestaltung des neuen Lebensraumes für das deutsche Volk übertragen wollte.

Damit nicht genug, bestimmte Hitler ferner: »Ob es notwendig sei, auch [im Operationsgebiet] schon Organe des Reichsführers SS neben der Geheimen Feldpolizei [des Heeres] einzusetzen, müsse mit dem Reichsführer SS geprüft werden. Die Notwendigkeit, alle Bolschewistenhäuptlinge und Kommissare sofort unschädlich zu machen, spreche dafür. Militärgerichte müßten für alle diese Fragen ausgeschaltet werden, sie hätten sich nur mit den Gerichtssachen innerhalb der Truppe zu befassen.« Das hieß, daß Verbände der SS und der Polizei schon im Bereich der kämpfenden Truppe tätig werden können sollten, und zwar, wie bereits am 17. Oktober 1939 festgelegt[64], unbehindert von der Wehrmachtsgerichtsbarkeit.

Die Prüfung mit Himmler muß rasch und ohne Schwierigkeiten erfolgt sein. Denn schon zehn Tage später, am 13. März 1941, unterzeichnete Keitel die endgültige Fassung der »Richtlinien auf Sondergebieten zur Weisung Nr. 21 (Fall Barbarossa)«[65]. Darin hieß es, sobald das Operationsgebiet eine ausreichende Tiefe erreicht habe, werde es rückwärts begrenzt, und in den rückwärtigen Gebieten gehe »die politische Verwaltung auf Reichskommissare über, die ihre Richtlinien vom Führer empfangen«. Noch weitaus wichtiger war die andere Bestimmung: »Im Operationsgebiet des Heeres erhält der Reichsführer SS zur Vorbereitung der politischen Verwaltung Sonderaufgaben im Auftrage des Führers, die sich aus dem endgültig auszutragenden Kampf zweier entgegengesetzter politischer Systeme ergeben. Im Rahmen dieser Aufgaben handelt der Reichsführer SS selbständig und in eigener Verantwortung. [...] Der Reichsführer SS sorgt dafür, daß bei Durchführung seiner Aufgaben die Operationen nicht gestört werden. Näheres regelt das OKH [Oberkommando des Heeres] mit dem Reichsführer SS unmittelbar.« Damit hatte die Wehrmacht erstmals und anders als in allen bisherigen Feldzügen dem nationalsozialistischen Polizeiapparat umfassende Befugnisse im Kampfgebiet eingeräumt.

Während man diese Absprachen und Abkommen zwischen Hitler und der Wehrmachtführung aus den überlieferten Dokumenten ziemlich genau rekonstruieren kann, gilt das für die Besprechungen und Vereinbarungen zwischen Hitler und Himmler sowie den übrigen nationalsozialistischen Führern nicht. Hier nämlich, wo die »Sonderaufgaben« Himmlers im einzelnen bestimmt worden sein müssen, wurden keine schriftlichen Weisungen oder Richtlinien erteilt. Dies war der Bereich des unkonventionellen Staatsapparates[66], und da genügte das mündliche Wort. Da wurden auch, abgesehen von ein paar persönlichen Notizen, kaum Aufzeichnungen angefertigt, und von den wenigen wurden viele später vernichtet. Schriftliche Unterlagen entstanden fast immer nur dann, wenn der unkonventionelle Staatsapparat mit dem konventionellen wie der Wehrmacht oder der Verwaltung in Verbindung treten mußte, weil er dessen Mitwirkung benötigte. Deswegen wissen wir, um ein Beispiel zu nennen, genau, wie Himmler seine Zuständigkeit im Operationsgebiet des Heeres erhielt, aber nicht ebenso genau, wie er erfuhr, was er dort tun sollte. Im Bereich des unkonventionellen Staatsapparates ist der Historiker im wesentlichen auf eine indirekte Rekonstruktion angewiesen. Wie soll er sich den Vorgang vorstellen?

Auszuschließen ist zunächst eine gemeinsame Beratung und Beschlußfassung. In diesem Staate wurde keine wichtige Entscheidung von einem Gremium getroffen. Auf der obersten Ebene traf Hitler die Entscheidungen allein und verkündete sie. Aber das hieß nicht, daß er die Ausführung nur anzuordnen brauchte. Er bedurfte ausführender Organe und deren Bereitschaft. Aus den militärischen Akten ist immer wieder ersichtlich, wie Hitler seine Entscheidungen, oft mit wechselnden, unwahren und auf seine Mitarbeiter ausgerichteten Argumenten, begründete, um Zustimmung oder doch Hinnahme zu erlangen. Es ist anzunehmen, daß der Vorgang im Verkehr mit seinen Anhängern ähnlich war. Allerdings gab es hier anders als bei den Militärs nicht einmal Besprechungen in größeren Kreisen. Seine Führungsgehilfen aus der Partei empfing Hitler zumeist einzeln, und so wird es auch jetzt wieder gewesen sein.

Die Hauptzuständigkeit in der Judenfrage lag seit 1938 bei Göring und seit 1939 konkurrierend auch bei Himmler. Schon wegen der Sonderaufgaben im Kampfgebiet muß Hitler zuerst mit Himmler gesprochen haben, wahrscheinlich mehrfach, vermutlich allein. Das war eine Auszeichnung, die Machtzuwachs verhieß und zu besonderen Leistungen verpflichtete. Was er ihm sagte, wie er es begründete, und wie Himmler reagierte, ist nicht überliefert. Himmler hat später wiederholt erklärt, er habe einen Befehl empfangen. Es gibt Hinweise, daß er Hitlers vielleicht zunächst nur andeutungsweise geäußerte Bemerkungen anfangs nicht verstehen wollte und sich ganz auf Umsiedlungen konzentrierte, obwohl schon von radikaleren Maßnahmen die Rede gewesen war. Auszuschließen ist jedenfalls, daß Himmler, der Tötungen nie als eine Lösung der Judenfrage proklamiert hatte[67], radikaler war als Hitler oder unabhängig von ihm handelte. Dieser Ruf, der ihm schon damals vorausging und ganz in Hitlers Interesse lag, war unzutreffend. Nach den Morden in Polen, die vielfach seiner Eigenmächtigkeit zugeschrieben worden waren, hatte er am 13. März 1940 vor den Befehlshabern des Heeres gesagt: »In diesem Gremium der höchsten Offiziere des Heeres kann ich es wohl offen aussprechen: Ich tue nichts, was der Führer nicht weiß.«[68]

Als nächster muß Heydrich eingeweiht gewesen sein. Das ergab sich schon aus seiner Zuständigkeit als Chef des Reichssicherheitshauptamtes. Wie und von wem er eingewiesen wurde, ist nicht überliefert. Er hatte Zugang zu Hitler und unterstand Himmler unmittelbar. Er führte jetzt auch die in den Richtlinien vom 13. März 1941 vorgesehenen Besprechungen mit dem OKH über die Regelung des »Näheren«, und zwar mit dem Generalquartiermeister des Heeres[69]. Dieser erließ danach, am 26. März, die vorgesehenen Ausführungsbestimmungen[70]. Darin war von »Sonderkommandos der Sicherheitspolizei (SD)«[71], aber auch schon von »Einsatzgruppen bzw. -kommandos der Sicherheitspolizei (SD)« die Rede, sehr zurückhaltend von deren Aufgaben und vor allem von der Zusammenarbeit mit den militärischen Kommandobehörden. Die Sonderkommandos waren demnach »den Armeen hinsichtlich Marsch, Versorgung und Unterbringung unterstellt«, unterstanden disziplinar und gerichtlich aber dem Chef der Sicherheitspolizei und des SD, also Heydrich, und erhielten auch »ihre fachlichen Weisungen« von ihm. Daraus ergibt sich, daß die Durchführung der »Sonderaufgaben im Auftrage des Führers« von Himmler auf Heydrich übergegangen war. Er war somit in diesem Bereich nach Hitler und Himmler die dritthöchste Instanz.

Wie er seine Aufgabe auffaßte, kann nur indirekt erschlossen werden[72]. Am 20. Mai 1941 versandte das Reichssicherheitshauptamt, dessen Chef er war, einen merkwürdigen Erlaß, demzufolge »die Auswanderung von Juden aus Frankreich und Belgien zu verhindern« war[73]. Das war ungewöhnlich genug, denn bisher war die Auswanderung durchweg gefördert worden. Aber die Begründung war noch seltsamer. Es hieß, daß »gemäß einer Mitteilung des Reichsmarschalls des Großdeutschen Reiches« die Judenauswanderung aus Deutschland »auch während des Krieges verstärkt« durchgeführt und die Auswanderung aus Frankreich und Belgien deswegen verhindert werden sollte, weil sie die Ausreisemöglichkeiten für Juden aus Deutschland schmälere. Aber dann gab der Erlaß noch einen zweiten Grund für die Verhinderung der Auswanderung aus Frankreich und Belgien an. Er lautete: »und im Hinblick auf die zweifellos kommende Endlösung der Judenfrage«.

Das ist rätselhaft. Vielleicht jedoch gibt die Erwähnung von Göring in diesem Zusammenhang einen Hinweis auf eine Erklärung. Am 25. März hatte Frank berichtet, Göring habe »unlängst« gesagt: »Es ist wichtiger, daß wir den Krieg gewinnen, als Rassenpolitik durchsetzen [sic]«[74]. Frank hatte den Satz zur Bekräftigung seiner Ansicht zitiert, es sei im Augenblick nicht angängig, »auf weite Sicht große volkspolitische Experimente zu machen«. Wichtig sei nur, daß die Polen und Juden für Deutschland arbeiteten[75]. Beides sollte heißen, daß jetzt, da der Rußlandfeldzug bevorstand, die Kriegsanstrengungen Vorrang haben müßten. Man könnte aus diesen Äußerungen schließen, daß sowohl Göring wie Frank erfahren hatten, daß Hitler jetzt die Endlösung einleiten wollte, daß sie dies aber für »im Augenblick nicht angängig« hielten. Aus mancherlei Gründen konnten sie sich ja in der Tat fragen, ob dies nicht die Siegesaussichten vermindere. Vielleicht beschlich sie sogar ein Gefühl des Entsetzens. Nach einer langen Besprechung mit Hitler über die Pläne für den Osten schrieb Rosenberg am 2. April in sein Tagebuch: »Was ich heute nicht niederschreiben will, aber nie vergessen werde.«[76]

Es mag also den nationalsozialistischen Führern in diesen Wochen klargeworden sein, daß Hitler mit seinen Ankündigungen nun Ernst machen wollte, und nicht wenige von ihnen mögen aus verschiedenen Gründen Bedenken bekommen haben. Anscheinend war Heydrich hingegen ein besonders entschlossener Anhänger Hitlers in der Judenfrage, vielleicht der entschlossenste überhaupt. Er hatte ja schon am 21. September 1939 von dem Endziel gesprochen, welches längere Fristen beanspruche[77]. Nun hielt Hitler offenbar die Zeit für gekommen, während andere die Endlösung im Augenblick nicht angängig fanden. Der Erlaß vom 20. Mai 1941 könnte in diesen Zusammenhang gehören und ein Ausdruck des polykratischen Wettbewerbs der Ämter um Hitlers Gunst und um Zuständigkeiten sein: Göring, dessen Gunst bei Hitler wegen Mißerfolgen der Luftwaffe ohnehin sank, sollte vielleicht als unzuverlässiger Zauderer und Verfechter einer unrealistischen Auswanderungspolitik hingestellt oder vielleicht sogar, wofür die pompöse Betitelung am Anfang des Erlasses sprechen könnte, lächerlich gemacht werden, während das Reichssicherheitshauptamt sich als Garanten für »die zweifellos kommende Endlösung« anbot.

Ungefähr zur selben Zeit begann das Reichssicherheitshauptamt mit der Aufstellung der vier Einsatzgruppen[78]. Am 17. Juni 1941 empfing Heydrich in Berlin die Einsatzgruppenchefs und machte ihnen mündliche Ausführungen. Das ergibt sich aus einem Fernschreiben Heydrichs an die vier Chefs vom 29. Juni, in dem er sich auf seine »bereits am 17. VI. in Berlin gemachten mündlichen Ausführungen« bezog[79]. Aus vielen Gründen muß in dieser Besprechung die entscheidende Einweisung erfolgt sein. Dafür spricht der Zeitpunkt. Hitler hatte jetzt den Angriffsbeginn endgültig auf den 22. Juni festgelegt[80]. Jetzt konnten und mußten daher auch die Einsatzgruppen endgültig eingewiesen werden. Heydrich übernahm die Aufgabe, denn er war ihr unmittelbarer Vorgesetzter. Er ließ seine Untergebenen dazu an seinen Dienstsitz kommen. Richtig erscheint schließlich auch, daß er mündliche Ausführungen machte. Die Natur der Sache verbot eine schriftliche Festlegung und wohl auch die Form eines Befehls.

Was Heydrich sagte, ist nicht überliefert[81]. Es kann nur indirekt erschlossen werden. In dem erwähnten Fernschreiben vom 29. Juni teilte Heydrich mit, er bringe »in Erinnerung: den Selbstreinigungsbestrebungen antikommunistischer oder antijüdischer Kreise in den neu zu besetzenden Gebieten ist kein Hindernis zu bereiten. Sie sind im Gegenteil, allerdings spurenlos auszulösen, zu intensivieren wenn erforderlich und in die richtigen Bahnen zu lenken«. Das stimmt mit mancherlei Äußerungen Hitlers, schon vom September 1939, überein, Pogrome auszulösen und in deren Verlauf Juden zu töten oder töten zu lassen. Es ist jedoch zu fragen, warum Heydrich denjenigen eine schriftliche Mitteilung machte, denen er zwölf Tage zuvor mündliche Ausführungen gemacht hatte und mit denen er vermutlich auch fernmündlich verkehren konnte. Sie wußten ja bereits, was sie zu tun hatten, und taten es bereits. Mußten sie daran erinnert werden, und noch dazu schriftlich? Wahrscheinlicher ist, daß das Fernschreiben zur Legitimierung Dritten gegenüber dienen sollte, und dann muß sein Inhalt nicht identisch gewesen sein mit dem, was Heydrich am 17. Juni gesagt hatte. Das Fernschreiben wäre demnach keine oder jedenfalls keine vollständige Wiedergabe der Weisungen an die Einsatzgruppen.

In einer weiteren Mitteilung vom 2. Juli an die Höheren SS- und Polizeiführer im Osten gab Heydrich, wie er sich ausdrückte, »in gedrängter Form« Kenntnis von seinen »wichtigsten Weisungen« an die Einsatzgruppen[82]. Darin zitierte er fast wörtlich die schon erwähnten Sätze aus seinem Fernschreiben vom 29. Juni, fügte aber unter anderem neu hinzu: »Zu exekutieren sind alle Funktionäre der Komintern (wie überhaupt die kommunistischen Berufspolitiker schlechthin); die höheren, mittleren und radikalen unteren Funktionäre der Partei, der Zentralkomitees, der Gau- und Gebietskomitees; Volkskommissare; Juden in Partei- und Staatsstellungen; sonstigen radikalen Elemente (Saboteure, Propagandeure, Heckenschützen, Attentäter, Hetzer usw.).«[83] Diese Exekutionen gehörten also auch zu den Aufgaben der Einsatzgruppen, obwohl sie in dem Fernschreiben vom 29. Juni an die Einsatzgruppenchefs überhaupt nicht erwähnt worden waren. Damit ist sicher, daß es nicht alle Weisungen vom 17. Juni enthielt. Sie müssen auch noch umfassender gewesen sein, als aus der Mitteilung vom 2. Juli hervorzugehen scheint, denn Heydrich sagte darin selbst, er nenne nur seine »wichtigsten Weisungen«.

Sie entsprachen im übrigen genau der Begründung, die Hitler gegeben hatte, indem er sagte, die jüdisch-bolschewistische Intelligenz müsse beseitigt werden[84]. Auch bei Heydrich erschienen die Juden in einer Reihe mit kommunistischen Funktionären, und ihre Exekution wurde als sicherheitspolizeiliche Hilfsmaßnahme im Interesse der Kriegführung hingestellt. Aber das war ja nur der Vorwand, der die rassenpolitischen Zielvorstellungen verhüllen sollte, die natürlich Heydrich nicht entgangen waren. Endziel und Endlösung waren ihm vertraute Begriffe, und so dürfte er seinen Einsatzgruppenchefs am 17. Juni 1941 auch diesen größeren Zusammenhang noch einmal erläutert haben.

Das wird dadurch bestätigt, daß der Chef der Einsatzgruppe A, Walther Stahlecker, schon am 24. Juni in dem litauischen Grenzort Garsden auch jüdische Frauen und Kinder erschießen ließ[85]. Das war keine Eigenmächtigkeit. Das Reichssicherheitshauptamt hatte auf Wunsch der zunächst widerstrebenden örtlichen Stellen, denen auch Stahleckers Berufung auf einen Führerbefehl nicht genügte, den Befehl in einem Blitzfernschreiben bestätigt. Daraus ergibt sich, daß Stahlecker, der an der Besprechung vom 17. Juni teilgenommen hatte, wußte, daß er alle Juden töten sollte oder durfte, und daß er eine schriftliche Bestätigung bekam, als er sie benötigte.

Aber Hitler wollte nicht nur die Juden in der Sowjetunion entfernen. Am 19. Juni hatte er Frank ausdrücklich erklärt, daß »die Juden in absehbarer Zeit aus dem Generalgouvernement entfernt würden und das Generalgouvernement nur noch gewissermaßen Durchgangslager sein solle«[86]. Dies kann als eine Umschreibung für den Durchgang zum Tod aufgefaßt werden. Tatsächlich wurden die Vernichtungslager später manchmal Durchgangslager genannt[87]. Es kann aber auch wörtlich genommen werden. Am 21. Juli sagte Hitler gesprächsweise, die Juden könnten nach Sibirien geschickt werden[88]. Es kann nicht ausgeschlossen werden, daß Hitler in der Sowjetunion nach ihrer Besiegung und östlich der angestrebten Grenzlinie von Archangelsk nach

Astrachan einen weiteren Abladeplatz für die Juden erblickte, wo Stalin oder seine Nachfolger sie würden übernehmen müssen. Im Juli erwartete Hitler ja noch, der Krieg im Osten werde in wenigen Monaten beendet sein. Bis dahin konnte die Judenfrage nicht durch Tötungen gelöst sein, wenn diese nur im Kriege durchgeführt werden konnten.

Wahrscheinlich wußte er selbst noch nicht, wie es weitergehen sollte. Auch mußte sich erst herausstellen, ob die Tötungen überhaupt auf längere Zeit durchsetzbar waren. Würden sie nicht auf Widerstand stoßen? Doch es gab auch Anregungen. Am 16. Juli 1941 schrieb ein SS-Sturmbannführer aus Posen an den Referenten für Judenangelegenheiten im Reichssicherheitshauptamt, Adolf Eichmann, es bestehe die Gefahr, daß die Juden im Reichsgau Wartheland im kommenden Winter nicht mehr sämtlich ernährt werden könnten, und es sei daher »ernsthaft zu erwägen, ob es nicht die humanste Lösung ist, die Juden, soweit sie nicht arbeitseinsatzfähig sind, durch irgendein schnell wirkendes Mittel zu erledigen«[89].

Am 20. und 21. Juli 1941 war Himmler in Lublin[90] und könnte dabei den dortigen SS- und Polizeiführer Odilo Globocnik angewiesen haben, die Vernichtung der polnischen Juden vorzubereiten. Einen Tag später, am 22. Juli, besprach Frank »Vorbereitungen zur Entfernung der Juden aus dem [Generalgouvernement] beginnend mit dem Warschauer Ghetto«[91]. Doch zunächst geschah weder das eine noch das andere. Die Bauarbeiten für das erste Vernichtungslager Globocniks im Distrikt Lublin begannen erst am 1. November 1941 und diejenigen für das Vernichtungslager Treblinka im Distrikt Warschau, das für die Warschauer Juden bestimmt war, wohl erst 1942[92].

Am 31. Juli 1941 suchte Heydrich Göring auf und ließ sich von ihm einen im Reichssicherheitshauptamt entworfenen und bereits geschriebenen Auftrag unterzeichnen, »alle erforderlichen Vorbereitungen in organisatorischer, sachlicher und materieller Hinsicht zu treffen für eine Gesamtlösung der Judenfrage im deutschen Einflußgebiet in Europa«[93]. Damit hatte Heydrich eine schriftliche Vollmacht zur zentralen Lenkung auch außerhalb der sowjetischen Gebiete. Es ist merkwürdig, daß er diese Vollmacht nicht von Himmler erhielt. Vielleicht hatte der zweite Mann im Staate sie beglaubigen sollen. Göring unterschrieb damit seine eigene Entmachtung in der Judenfrage.

Am 15. August 1941 besuchte Himmler die Einsatzgruppe B und wohnte in der Gegend von Minsk einer Erschießungsaktion bei[94]. Aus verschiedenen Gründen unbefriedigt, ordnete er an, nach einer anderen Tötungsart zu suchen. Daraus ergab sich, daß in der Folgezeit im Reichssicherheitshauptamt ein Lastkraftwagen entwickelt wurde, in den die Auspuffgase zurückgeleitet werden konnten. Vermutlich um den 3. November 1941 fand eine Probetötung mit Gaswagen im Konzentrationslager Sachsenhausen statt[95]. Die Wagen waren zunächst für die Einsatzgruppen in der Sowjetunion bestimmt und wurden von ihnen benutzt. Gaswagen wurden aber auch im Vernichtungslager Chelmno im Reichsgau Wartheland eingesetzt, wo am 8. Dezember 1941 der Mord an den polnischen Juden begann[96].

Doch im August 1941 schien Hitler noch zu zögern, ehe er den nächsten Schritt tat. Zwar sagte er bei Tisch: »Wir stehen vor der großen Zukunftsaufgabe, planmäßig Rassenpolitik zu treiben.«[97] Aber einen Antrag Heydrichs, die Juden aus dem Altreich zu evakuieren, lehnte er für die Zeit »während des Krieges« ab[98] und wirkte auch sonst eher mäßigend[99]. Auch Göring vereitelte einen wiederholten Antrag Heydrichs, die Kennzeichnung der deutschen Juden einzuführen. Heydrich jedoch ließ nicht locker und drängte Hitler weiter[100].

In dieser Lage schaltete Goebbels sich ein und erhielt für den 18. August einen Besprechungstermin bei Hitler. Das hing zunächst damit zusammen, daß am 3. August der Bischof von Münster, Graf von Galen, seine dritte und schärfste Predigt gegen die Tötung der Geisteskranken gehalten hatte[101] und nun eine Entscheidung in dieser Sache getroffen werden mußte. Aber Goebbels bereitete sich auch in anderer Hinsicht vor. Er ließ auf den 15. August eine Sitzung in sein Ministerium einberufen, an der etwa vierzig Vertreter der Partei und des Staates, darunter Eichmann, teilnahmen[102]. Dabei war von der sogenannten Euthanasie überhaupt nicht die Rede. Staatssekretär Leopold Gutterer vom Propagandaministerium, der die Sitzung leitete, führte vielmehr aus, es kämen ständig Soldaten von der Ostfront zu Goebbels und erklärten, »sie könnten es nach den ungeheuren Eindrücken des Kriegserlebnisses im Osten nicht begreifen, daß man den Juden hier noch so viele Freiheiten erlaubte«. Das Ministerium sei der Ansicht, daß Sofortmaßnahmen nötig seien, und Gutterer erläuterte sie, indem er sagte, man solle die nicht arbeitsfähigen Berliner Juden »nach Rußland abkarren«[103]; »am besten wäre es, diese überhaupt totzuschlagen«. Das wird die Ansicht seines Ministers gewesen sein, denn der hatte sich gerade am 7. August in sein Tagebuch notiert, man müsse die Juden »entweder in einem Ghetto zusammenpferchen und sich selbst überlassen oder liquidieren«[104]. All dies ließ wenig Zweifel, daß Goebbels Deportationen von Berliner Juden zur Tötung durch die Einsatzgruppen wollte. Gutterer schloß, die »Grundvoraussetzung zur wirksamen Durchführung aller Maßnahmen sei aber die Kennzeichnung der Juden«.

In der anschließenden Diskussion ließ Eichmann erkennen, daß das Reichssicherheitshauptamt alle diese Vorschläge schon gemacht habe, aber bisher leider damit nicht durchgedrungen sei. Offenbar zogen Heydrich und Goebbels an einem Strang, wenn sie sich nicht sogar verabredet hatten, gemeinsam auf Hitler einzuwirken. Man kann auch vermuten, daß Goebbels nach mancherlei Rückschlägen im Wettbewerb um Hitlers Gunst nun den Platz anstrebte, den Göring räumen mußte.

So gerüstet fuhr Goebbels ins Führerhauptquartier und erreichte am 18. August fast alle seine Ziele. Anscheinend setzte Hitler ihn zunächst einmal umfassend ins Bild. Er berief sich auf »seine damalige Prophezeiung im Reichstag«, die sich »in diesen Wochen und Monaten mit einer fast unheimlich anmutenden Sicherheit« bewahrheite[105]. Dann entschied er, die sogenannte Euthanasie einzustellen; am 24. August erging die entsprechende Weisung[106]. Ferner stimmte er nun endlich der Kennzeichnung der Juden im Reich durch den Judenstern zu; am 1. September konnte Heydrich die entsprechende Verordnung unterzeichnen[107].

Zur Deportation der deutschen Juden aber konnte sich Hitler noch immer nicht entschließen. Goebbels erhielt nur die Zusage, daß er »die Juden aus Berlin unmittelbar nach Beendigung des Ostfeldzuges in den Osten abschieben« könne[108]. Das entsprach Hitlers früherer Weigerung, Deportationen aus dem Altreich »während des Krieges« zuzulassen[109], obwohl nun eine Zusage daraus geworden und, wenn man beide Zeugnisse wörtlich nimmt, der vorgesehene Zeitpunkt vorverlegt worden war. Vielleicht gehört es in diesen Zusammenhang, daß Himmler am 23. August anordnete, »die Auswanderung von Juden mit sofortiger Wirkung zu verhindern«[110].

Im September 1941 beschränkten sich die Massentötungen noch immer auf die besetzten sowjetischen Gebiete, und noch immer schien Hitler zu zögern, die Maßnahmen auszuweiten. Als Rosenberg am 14. September vorschlug, als »Gegenmaßnahme« gegen die sowjetischerseits angeordnete Verschleppung der Wolgadeutschen nach Sibirien »die Verschickung aller Juden Zentraleuropas« nach dem Osten vorzusehen, ließ Hitler am 15. September antworten, er habe befohlen, »zunächst die Stellungnahme des Ausw.[ärtigen] Amtes einzuholen«[111]. Am 18. September aber schrieb Himmler dem Reichsstatthalter im Warthegau, Gauleiter Arthur Greiser: »Der Führer wünscht, daß möglichst bald das Altreich und das Protektorat vom Westen nach dem Osten von Juden geleert und befreit werden.«[112] Wieder war der Zeitpunkt vorgeschoben worden, aber noch immer nicht auf sofort, sondern nur auf »möglichst bald«. Himmler bat Greiser um Verständnis, daß er beabsichtige, »möglichst noch in diesem Jahr« rund 60000 Juden »in das Litzmannstädter Ghetto«, also in Greisers Gau nach Lodz, »für den Winter zu verbringen«, um »sie im nächsten Frühjahr noch weiter nach dem Osten abzuschieben«.

Zwischen dem 22. und dem 24. September waren Himmler und Heydrich bei Hitler im Führerhauptquartier; am 23. war auch Goebbels zugegen[113]. Dabei erfuhr zunächst Heydrich eine weitere Steigerung seiner Macht. Hitler übertrug ihm zusätzlich zu seinen bisherigen Aufgaben die Führung der Geschäfte des Reichsprotektors in Böhmen und Mähren[114], die seit März 1939 von dem 1938 entlassenen monarchistischen Außenminister Neurath geführt worden waren. Alsdann scheint erstmals konkret über die Deportation der Juden nach Osten gesprochen worden zu sein. Immerhin war dies auch ein gewaltiges Transportproblem, zumal da der deutsche Vormarsch keineswegs so zügig voranging, wie ursprünglich angenommen worden war. Doch jetzt sollten die Deportationen anscheinend trotzdem eingeleitet werden. Am 23. September erfuhr Goebbels von Heydrich, das werde »der Fall sein können, sobald wir im Osten zu einer Bereinigung der militärischen Lage gekommen sind«. Ferner notierte er sich: »Der Führer ist der Meinung, daß die Juden nach und nach aus ganz Deutschland herausgebracht werden müssen. Die ersten Städte, die nun judenfrei gemacht werden sollen, sind Berlin, Wien und Prag. Berlin kommt als erste an die Reihe, und ich habe die Hoffnung, daß es uns im Laufe dieses Jahres noch gelingt, einen wesentlichen Teil der Berliner Juden nach dem Osten abzutransportieren.«[115]

Ob bei diesen Besprechungen auch von Tötung die Rede war, ist nicht überliefert. Unklar bleibt ferner, ob die Juden in den Reichsgau Wartheland, ins Generalgouvernement oder in die besetzten sowjetischen Gebiete deportiert werden sollten. Doch scheint in diesen oder den folgenden Tagen der endgültige Durchbruch vollzogen worden zu sein, und die praktische Durchführung hing nun allein von den gegebenen Möglichkeiten ab.

Am 2. Oktober 1941 trafen sich Hitler, Himmler und Heydrich im Beisein von Keitel und Jodl sowie drei weiteren Offizieren im Anschluß an die militärische Lagebesprechung im Führerhauptquartier. Himmler berichtete von den Deportationsplanungen und nannte als Hauptpunkte Riga, Reval und Minsk[116]. Daß er es jetzt auch in diesem größeren Kreise tat, spricht gleichfalls dafür, daß die Entscheidung gefallen war. Dann ging Himmler noch einen Schritt weiter. Er schnitt, wie es in der Aufzeichnung heißt, die Frage der jüdischen Bevölkerung in Saloniki an und nannte sie eine Gefahr. Hitler pflichtete ihm bei und verlangte, die Juden aus Saloniki zu entfernen. Himmler verlangte dafür eine Vollmacht und erhielt sie[117]. Damit traf

Hitler, indem er neben den sowjetischen und den deutschen auch die griechischen Juden einbezog, die erste Maßnahme zu der von ihm angekündigten Vernichtung der jüdischen Rasse in ganz Europa.

Zunächst kamen nun die Deportationen aus dem Reich in Gang. Am 30. September 1941 kündigte ein Vertreter des Reichssicherheitshauptamtes in Wien dem Leiter der dortigen israelitischen Kultusgemeinde an, der erste Transport werde am 15. Oktober abgehen[118]. Ungefähr zur selben Zeit erfolgte eine entsprechende Ankündigung in Berlin[119]. Tatsächlich verließ der erste Transportzug der Reichsbahn mit 1005 Juden Wien am 15. Oktober, der zweite Berlin am 18. Oktober, und dann ging es fast alle Tage so weiter. Die ersten Transporte gingen nach Lodz. Vom 8. November an gingen sie nach Minsk, Riga und Kowno[120]. Am 25. November 1941 wurden die ersten 2934 deutschen Juden aus Berlin, München und Frankfurt in Kowno durch das Einsatzkommando 3 der Einsatzgruppe A erschossen[121].

Am 29. November verschickte Heydrich an die Staatssekretäre verschiedener Ministerien und an andere hohe Beamte Einladungen zu einer Besprechung, die am 9. Dezember in Berlin, Am Großen Wannsee Nr. 56–58, stattfinden sollte[122]. Sie wurde später auf den 20. Januar 1942 verschoben. Den Einladungen waren Fotokopien von Görings »Bestellung«, wie Heydrich sich ausdrückte, vom 31. Juli 1941 beigelegt[123]. Der Hauptgegenstand der Besprechung war die Ausdehnung der Endlösung auf ganz Europa. Hitler hatte schon am 21. Juli 1941 dem stellvertretenden kroatischen Ministerpräsidenten erklärt, kein europäischer Staat dürfe in Zukunft Juden bei sich dulden, und »er werde an jeden Staat mit dieser Forderung herantreten«[124]. Heydrich nannte nun über dreißig Staaten und Gebiete, eigene, besetzte und verbündete, aber auch gegnerische wie England und neutrale wie Schweden und die Schweiz, gab für jedes Land die Zahl der Juden an und gelangte so zu der Feststellung, daß für die »Endlösung der europäischen Judenfrage« rund elf Millionen Juden in Betracht kämen. »Im Zuge der praktischen Durchführung«, sagte er, werde »Europa vom Westen nach Osten durchgekämmt«[125]. Tatsächlich begannen im März 1942 die Deportationszüge der Eisenbahn aus allen erreichbaren Ländern zu rollen. Inzwischen waren in Polen fünf mit Gaskammern ausgestattete Vernichtungslager fertiggestellt oder im Bau, und die meisten Deportierten wurden dort, soweit sie nicht als Arbeitskräfte verwendet wurden, ermordet.

Im Jahre 1942 erinnerte Hitler seine Zuhörer in vier öffentlichen Reden an seine Ankündigung vom 30. Januar 1939 über die Vernichtung der jüdischen Rasse in Europa[126]. Er blieb übrigens dabei, sie auf den 1. September 1939 zu datieren, und so war die falsche Datierung, zumal da sie auch in den Druckausgaben der Reden wiederholt wurde, zweifellos Absicht. Offenbar lag ihm daran, die Vernichtung der Juden in einen Zusammenhang mit dem Kriegsbeginn zu bringen[127].

In kleineren Kreisen sprach er noch deutlicher. So sagte er etwa am 21. Oktober 1941 bei Tisch: »Wenn wir diese [jüdische] Pest ausrotten, so vollbringen wir eine Tat für die Menschheit, von deren Bedeutung sich unsere Männer draußen noch gar keine Vorstellung machen können.«[128] Oder am 25. Oktober im Beisein von Himmler und Heydrich: »Vor dem Reichstag habe ich dem Judentum prophezeit, der Jude werde aus Europa verschwinden, wenn der Krieg nicht vermieden bleibt. Diese Verbrecherrasse hat die zwei Millionen Toten des Weltkrieges auf dem Gewissen, jetzt wieder Hunderttausende. Sage mir keiner: Wir können sie doch nicht in den Morast schicken! Wer kümmert sich denn um unsere Menschen? Es ist gut, wenn uns der Schrekken vorangeht, daß wir das Judentum ausrotten.«[129] Und dem ungarischen Reichsverweser Horthy erklärte er am 17. April 1943: »Wenn die Juden [in Polen] nicht arbeiten wollten, würden sie erschossen. Wenn sie nicht arbeiten könnten, müßten sie verkommen. Sie wären wie Tuberkelbazillen zu behandeln, an denen sich ein gesunder Körper anstecken könne. Das wäre nicht grausam, wenn man bedenke, daß sogar unschuldige Naturgeschöpfe wie Hasen und Rehe getötet werden müßten, damit kein Schaden entstehe.«[130]

Hitler fand auf dem Weg zum Mord an den Juden weniger Widerstand als auf dem Weg in den Krieg. Während die Wehrmachtführung sich 1938 seinen Kriegsplänen widersetzte, ihn stürzen wollte und 1940 nur mühsam zum Krieg gegen Rußland überredet wurde, war die Parteiführung zur Judenverfolgung von vornherein bereit. Die Wehrmacht widersetzte sich auch den Morden in Polen. Aber nachdem Hitler sie aus diesem Bereich ausgeschaltet hatte, gelang es ihm, den Mordprozeß in Rußland in Gang zu setzen. Heydrich und Goebbels drängten sogar, als Hitler vor den weiteren Schritten zögerte. Dabei war Wettbewerb um Gunst und Macht vermutlich ein stärkeres Motiv als Judenhaß. Ende September 1941 wurden die deutschen Juden einbezogen, dann die polnischen und wahrscheinlich im November alle europäischen, so wie Hitler es am 30. Januar 1939 angekündigt hatte. Seine Entscheidungen fielen schrittweise. Vermutlich hatte er die Schwierigkeiten überschätzt und war überrascht, daß die Ausführung des Mordes ohne Widerstand vor sich ging. An willigen Helfern hat es ihm bis zum Ende nicht gefehlt.

Aber es war sein Wille und seine Entscheidung gewesen. Niemand hatte vor ihm den Mord verlangt. Selbst in seiner engsten Umgebung gab es Bedenken, als die Verfolgung in Tötung überging. Vermutlich im Oktober 1941 berichtete ein Vertrauter Görings »entsetzt über die Judenexekutionen« und fügte hinzu, »sein Herr denke sicher wie er; aber er [Göring] werde nichts unternehmen, denn der Befehl komme von Hitler selbst«[131]. Sogar Goebbels schrieb, als er von den Gaskammern erfuhr, am 27. März 1942 in sein Tagebuch, es werde »ein ziemlich barbarisches und nicht näher zu beschreibendes Verfahren angewandt«, Hitlers Prophezeiung beginne »sich in der furchtbarsten Weise zu verwirklichen«, und Hitler sei »auch hier [...] der unentwegte Vorkämpfer und Wortführer einer radikalen Lösung«[132].

Am meisten klagte Himmler über die Schwere der Aufgabe. Am 6. Oktober 1943 sagte er vor den Reichs- und Gauleitern, die Judenfrage sei für ihn die schwerste Frage seines Lebens geworden[133]. Im Mai und Juni 1944 sprach er dreimal vor Generälen. Jedesmal gab er sich überzeugt, daß die Lösung der Judenfrage notwendig gewesen sei und daß auch die jüdischen Frauen und Kinder umgebracht werden müßten, aber er tat es nie ohne Klagen. Am 5. Mai: »Sie mögen mir nachfühlen, wie schwer die Erfüllung dieses mir gegebenen soldatischen Befehls war, den ich befolgt und durchgeführt habe aus Gehorsam und aus vollster Überzeugung.« Am 24. Mai: »Ich glaube, meine Herren, daß Sie mich so weit kennen, daß ich kein blutrünstiger Mensch bin und kein Mann, der an irgend etwas Hartem, was er tun muß, Freude oder Spaß hat.« Und am 21. Juni: »Es war die furchtbarste Aufgabe und der furchtbarste Auftrag, den eine Organisation bekommen konnte: der Auftrag, die Judenfrage zu lösen.«[134]

Hitler hingegen blickte befriedigt auf sein Werk zurück. In seinen letzten Wochen räumte er zwar ein, daß er in der

Außenpolitik Fehler gemacht habe und der Krieg um Lebensraum verloren sei. Um so mehr aber sah er in der Rassenpolitik sein eigentliches Verdienst. Er habe »zum ersten Mal die jüdische Frage realistisch angepackt«, er habe »die beste Saat gelegt«, und daher werde man, so schloß er am 2. April 1945, »dem Nationalsozialismus ewig dafür dankbar sein, daß ich die Juden aus Deutschland und Mitteleuropa ausgerottet habe«[135].

5. Kapitel

Der Weg aus der Geschichte

Kam Hitler aus der deutschen Geschichte? Setzte er sie fort? Oder unterbrach er sie und führte aus ihr heraus? Verlief seine Herrschaft auf angelegten Bahnen oder auf Abwegen? War sie das Ergebnis einer Entwicklung oder ein Betriebsunfall? Ging die deutsche Geschichte insgesamt einen Sonderweg? In den Erörterungen von Hitlers Herrschaft sind diese und ähnliche Fragen immer wieder gestellt worden, und die Antworten bestanden zumeist darin, den Weg Deutschlands zu Hitler und unter ihm gewissermaßen in Analogieschlüssen mit Hinweisen auf bestimmte Eigenschaften, Eigenheiten, Tendenzen und Traditionen der Deutschen und ihrer Geschichte zu erklären.

Man verwies etwa, um nur ein paar grobe Beispiele zu nennen, auf den fortwährenden Expansionismus von Friedrich dem Großen über Bismarck zum wilhelminischen Imperialismus oder auf den Drang nach Osten vom Mittelalter bis zum Vertrag von Brest-Litowsk. Man erinnerte an die uralte Judenfeindlichkeit, die Verfolgungen und Vertreibungen im Mittelalter, an Luthers Ausbrüche und den Antisemitismus nach der Reichsgründung und in der Weimarer Republik. Man nannte den Obrigkeitsstaat und den Untertanengeist, den Mangel an demokratischen Traditionen, die verspätete Nation. Waren diese Tendenzen nicht eindeutig genug, um Hitler als ihren Vollstrecker erscheinen zu lassen? Lieferte die Analogie nicht die Erklärung?

Oder war Hitlers Herrschaft mit ihrer vollständigen Rechtlosigkeit, ihrer beispiellosen Brutalität und Kriminalität ein Bruch in der deutschen Geschichte? Immerhin konnte man auch auf eine Tradition der Rechtsstaatlichkeit hinweisen, auf sittliche Ordnung und maßvollen Gebrauch der Macht, auf den Humanismus von Lessing und Schiller, auf Freiheitsbewegungen, Parlamentarismus und die schließlich erreichte Demokratie. Grausame Gewaltherrscher hatte es kaum gegeben. War Hitler nicht doch eine Ausnahme?

Das sind schwierige Fragen. Ob sie einer wissenschaftlichen Behandlung überhaupt zugänglich sind, mag bezweifelt werden. Sie sind so komplex, daß die Zahl der zu berücksichtigenden Faktoren fast unendlich ist, und das macht die Antworten nahezu beliebig. Analogieschlüsse sind eine unsichere Methode[1]. Die Fragen beruhen auf Verallgemeinerungen, deren Zulässigkeit anfechtbar ist. Ausgesprochen oder unausgesprochen gehen sie vielfach davon aus, daß sich die Deutschen etwa von Hitler dieses oder jenes versprachen, während doch die meisten von ihnen ihn überhaupt nicht wählten. Hinweise auf gleichsam angeborene erbliche Nationaleigenschaften können den kritischen Verstand nicht befriedigen und bedürfen zumindest ihrerseits der Erklärung. Einige der Fragen gebrauchen Bilder, die den Tatsachen nicht angemessen sein mögen. Wer von Irrwegen und Sonderwegen in der Geschichte spricht oder sie einem Betrieb vergleicht, in dem Unfälle vorkommen, unterstellt eine Norm, die kaum festgesetzt werden kann. Weithin sind die Fragen so pauschal und unspezifisch, daß sie verbindliche Antworten geradezu verbieten.

Zudem stammen die meisten dieser Fragen und ihre Antworten von Zeitgenossen Hitlers und sind daher von Motiven der Anklage oder der Verteidigung, der Beschuldigung oder der Entschuldigung und von politischen oder erzieherischen Absichten geprägt. Die These vom Betriebsunfall etwa wurde vor allem deswegen zumeist verworfen, weil sie die Schuld zu verringern schien. Auch Hinweise auf ähnliche Traditionen bei anderen Völkern standen lange unter dem Makel, von der eigenen Verantwortung ablenken zu wollen. Unbefangenheit und Vorurteilsfreiheit, Grundbedingungen der Erkenntnis, waren den Mitlebenden verwehrt und fallen noch den Nachlebenden schwer.

Und doch sind dies die Fragen geblieben, die sich bei jeder Erörterung von Hitlers Herrschaft stellen. Warum? Wie war sie möglich? Was ist ihr Ort in der deutschen Geschichte? Kann sie sich wiederholen? Die moralische Verurteilung hat sich bei allen moralisch Denkenden nicht geändert. Sie ist im Gegenteil zunehmend schärfer und verbreiteter geworden. Wohl nie ist eine Herrschaft einer so allgemeinen Verdammung verfallen. Zugleich hat eine überaus intensive Forschung vieles geklärt. So mögen denn auch diese letzten Fragen noch einmal erörtert werden, in dem Bewußtsein zwar, daß der Historiker hier an die Grenzen seiner Wissenschaft stößt, aber in der Absicht, die Antworten um so genauer zu wägen.

Der Historiker fragt zunächst: Was geschah? Auf diese Fragen sind, soweit sie die Hitlerzeit betreffen, zumeist unzweifelhaft nachprüfbare Antworten möglich. Sie lauten etwa: Hitler wurde am 30. Januar 1933 Reichskanzler. General Beck widersetzte sich 1938 Hitlers Kriegsplänen. Deutschland griff am 22. Juni 1941 die Sowjetunion an. Organe der deutschen Regierung töteten zwischen 1941 und 1944 mehrere Millionen Juden. Diese Aussagen können verhältnismäßig einfach spezifiziert werden. Wir haben Quellen wie Urkunden und Akten, Protokolle, Niederschriften, Weisungen, Berichte, Ereignismeldungen und so weiter, und wir können aus ihnen die Machtübernahme, die

Kriegsvorbereitungen, den Rußlandfeldzug, den Mord an den Juden Stufe für Stufe, oft Tag für Tag rekonstruieren und beschreiben. Diese Beschreibungen sind so unbestreitbar, daß man sie manchmal sogar historische Tatsachen nennt.

Alsdann fragt der Historiker: Wie geschah das, was geschah? Die Antworten auf diese Fragen sind nicht ebenso einfach, weil die zu berücksichtigenden Faktoren und entsprechend auch die möglichen Aussagen zahlreicher und vielfältiger sind. Aber sie sind gleichfalls in hohem Maße nachprüfbar. Sie lauten etwa: Hitler wurde Reichskanzler durch Ernennung und nicht durch Mehrheitswahl oder mit Gewalt. Beck widersetzte sich, indem er Denkschriften verfaßte. Deutschland griff die Sowjetunion nach langer Vorbereitung und nicht plötzlich an. Es tötete die Juden durch Erschießungen und Verwendung von giftigen Gasen. Auch diese Aussagen werden aus schriftlichen Quellen, oft aus einem Vergleich sehr vieler Quellen ermittelt und können je nach dem Umfang der Überlieferung spezifiziert werden.

Schließlich aber fragt der Historiker auch nach den Ursachen: Warum geschah das, was so geschah? Was war die Ursache von Hitlers Machtantritt? Die Ernennung durch Hindenburg, die Bemühungen Papens, die Stärke der NSDAP, das Scheitern der Weimarer Republik, der Versailler Vertrag, die Niederlage im Ersten Weltkrieg, der Gang der deutschen Geschichte? Schon die Aufzählung, die beliebig erweitert werden könnte, macht deutlich, daß die Zahl der möglichen Antworten nahezu unendlich ist und entsprechend schwierig die Auswahl, die Gewichtung und deren Überprüfung. Oder, um ein anderes Beispiel zu nennen: Warum widersetzte sich Beck? Aus militärischen, politischen oder moralischen Gründen? So überspitzt vereinfacht die möglichen Antworten angegeben sind[2], es wird sogleich deutlich, daß hier eine ganz andere Frage vorliegt. Im ersten Falle wurde nach Bedingungen gefragt, die etwas ermöglichten, im zweiten nach Motiven, die jemanden zu einer Handlung veranlaßten. Beide Male aber fragen wir: Warum?

Das Dilemma liegt im Begriff der historischen Ursache. Nicht nur fehlt es an einer entsprechenden Kausalitätstheorie. Die Historiker haben sich, obwohl sie ständig von Gründen und Ursachen reden, erstaunlich wenig darum gekümmert[3]. Es ist auch zweifelhaft, ob die Frage nach Ursachen dem historischen Gegenstand überhaupt angemessen ist. Das einzige Material des Historikers, das er vorfindet, sind die Quellen. Er benutzt sie, um ein Bild der Vergangenheit herzustellen. Schon die Beschreibung ist ein Konstrukt des menschlichen Geistes. Die Erklärung ist es in noch höherem Maße. Ursachen sind nichts anderes als gedankliche Konstruktionen, die der Historiker benutzt, um das von ihm entworfene Bild der Vergangenheit verständlich zu machen. Sie können daher definiert werden als Umstände, die genannt werden müssen, damit ein Vorgang verständlich wird. Erklären soll demnach heißen die Umstände nennen, ohne die der Vorgang nicht gedacht werden kann. Obzwar diese Definition theoretischen Ansprüchen nicht genügen mag, scheint sie doch geeignet, die Beantwortung unserer Fragen der völligen Beliebigkeit zu entziehen und die Aussagen jedenfalls annähernd nachprüfbar zu machen. Auf diese Weise sollen zunächst einige der vorgetragenen Thesen überprüft werden, ehe am Schluß ein Bild des historischen Zusammenhangs entworfen wird.

Welche Umstände müssen genannt werden, um den Machtantritt Hitlers verständlich zu machen? Wir haben den unentschiedenen Kampf um die Staatsgewalt zwischen den ungefähr gleich starken Klassen der Monarchisten und der Demokraten besonders hervorgehoben. An dieser Aussage läßt sich die These von der Kontinuität überprüfen. Wenn Kontinuität heißen soll, daß wichtige Bedingungen eines Vorgangs nicht plötzlich auftraten, sondern seit langem angelegt waren, dann lag der Machtantritt in einer bis ins 19. Jahrhundert zurückreichenden Kontinuität. Wenn Kontinuität aber heißen soll, daß Kämpfe in der Regel durch einen Sieg oder einen Kompromiß entschieden werden, dann lag der Machtantritt nicht in einer solchen Kontinuität. Denn 1933 fiel die Staatsgewalt weder den Monarchisten noch den Demokraten zu, und diese schlossen auch keinen Kompromiß, was alles erwartet werden konnte, sondern sie fiel einer dritten Kraft zu, der Hitlerbewegung, die ursprünglich an dem Kampf nicht beteiligt gewesen war. So gesehen kann man auch von einem Betriebsunfall sprechen, wenn man es für einen ungestörten Betrieb hält, daß Kämpfe von den Beteiligten entschieden werden. Freilich wissen wir aus der Geschichte, daß Machtkämpfe, in denen die kämpfenden Klassen ungefähr gleich stark waren, auch früher schon zu Monokratien geführt hatten.

Man kann ferner fragen, ob die These von der Kontinuität nicht nachträglich widerlegt worden ist. Wenn die deutsche Geschichte kontinuierlich zu Hitler geführt hatte, war zu erwarten, daß sie auch kontinuierlich über ihn hinaus führen würde. Derartige Erwartungen waren nach 1945 in der Tat weit verbreitet. Der britische Historiker Lewis Namier etwa argumentierte damals, daß auf die Niederlage von 1918 eine halbe Generation später der Nationalismus gefolgt und daher um 1960 eine Wiederholung zu erwarten sei[4]. Es erwies sich jedoch, daß der Nationalsozialismus keine Fortsetzung irgendeiner Art fand. Dies kann als Wirkung des Zusammenbruchs von 1945 erklärt werden. Es kann aber auch als Hinweis darauf verstanden werden, daß der Nationalsozialismus nicht in der Kontinuität der deutschen Geschichte lag. Wenn man einmal hypothetisch annimmt, der Weg hätte von der Weimarer sogleich zur Bonner Republik geführt, ließe sich die These von der Kontinuität besser begründen. Es spricht viel dafür, daß sie ein ungeeignetes Mittel ist, um die Zusammenhänge der Hitlerzeit mit der vorherigen Geschichte zu erklären.

Welche Umstände müssen genannt werden, um den Weg in den Krieg verständlich zu machen? Wir haben in unserer Erklärung dem Willen Hitlers einen hohen Rang zugemessen und dies damit begründet, daß die Beschlüsse von ihm gefaßt und von seinen Mitarbeitern weder empfohlen noch befürwortet wurden. Es ist eine hypothetische, aber nachvollziehbare Aussage, daß der Krieg ohne Hitler nicht eröffnet worden wäre. Das gilt in besonderem Maße für den Krieg gegen Rußland. Es gab keinen unmittelbaren Zwang, ihn zu eröffnen, und Hitlers Mitarbeiter befürworteten statt dessen die Fortführung des Krieges gegen England. Ein guter Begriff, der das Verständnis fördert, ist der des Handlungsspielraumes. Man kann aus der Geschichte erkennen, daß dieser Spielraum gewöhnlich sehr eng ist. Die meisten Entscheidungen lassen sich aus Zwängen erklären. Hitler hingegen hatte einen großen Handlungsspielraum. Er konnte sich etwa 1940 sowohl für den Krieg gegen Rußland wie auch für die Fortführung des Krieges gegen England entscheiden. Zur Erklärung dieses Handlungsspielraums ist gewiß die nach 1933 erworbene Macht Hitlers unentbehrlich.

Aber dieser Umstand erklärt nicht, daß Deutschland so bald nach der Niederlage von 1918 wieder Krieg führen konnte. Man muß auch die internationale Lage berücksichtigen. Meistens wird in diesem Zusammenhang auf die

Haltung der anderen europäischen Mächte verwiesen. Sie hätten den Krieg verhindern sollen. Ob sie es auch konnten, ist indessen fraglich. Sie hatten jedenfalls Gründe, daß sie es nicht taten. Wichtiger erscheint ein anderer Umstand, auf den Andreas Hillgruber kürzlich hingewiesen hat[5]. Deutschlands Stellung in Europa war nach dem Ersten Weltkrieg günstiger als vorher. Während es vor 1914 von der Koalition Rußlands mit Frankreich und Britannien eingekreist und gleichsam umklammert gewesen war, war diese Klammer mit der russischen Oktoberrevolution von 1917 zerbrochen, und Deutschland hatte seitdem einen erheblich größeren Handlungsspielraum als vor dem Krieg. Schon die Weimarer Republik hatte diesen Umstand genutzt, indem sie sich mit Sowjetrußland gegen Frankreich verband, und Hitler hatte daraus das Prinzip seines außenpolitischen Konzeptes abgeleitet, das darin bestand, die einstigen Verbündeten der Entente gegeneinander auszuspielen. Es war auch dieser Umstand, der es ihm 1939 ermöglichte, den Pakt mit Stalin zu schließen und damit die Sowjetunion gegen die Westmächte auszuspielen.

Dieser seit 1917 größere Handlungsspielraum war demnach eine wichtige Bedingung von Deutschlands Weg in den Zweiten Weltkrieg. Er erklärt auch, daß die Westmächte den Krieg nicht verhinderten. Demgegenüber erscheinen die Niederlage von 1918 und der Versailler Vertrag, denen in den meisten Erklärungen noch immer der höchste Rang eingeräumt wird, weniger wichtig. Sie erklären nur, daß die Deutschen sich aus ihrer Lage nach dem Ersten Weltkrieg befreien wollten, aber nicht, daß sie es auch konnten. Das ermöglichte erst die entschlossene Kriegspolitik Hitlers, und sie wurde ihrerseits durch die neue Konstellation der europäischen Mächte ermöglicht.

Man kann aber noch auf einen weiteren Umstand hinweisen, der zu einer weiteren Erklärung beitragen mag. Deutschland war nicht das einzige Land, das in den dreißiger und vierziger Jahren eine territoriale Expansion erstrebte. Japan und Italien verfolgten sehr ähnliche Ziele und verbündeten sich dabei mit Deutschland. Bedeutender indessen als dieses Bündnis, das im Ergebnis die deutsche Kriegführung eher belastete als erleichterte, ist der bemerkenswerte Umstand, daß drei Staaten zur selben Zeit unabhängig voneinander eine fast gleiche Politik betrieben. Dieser Umstand trägt zur Erklärung der deutschen Politik, die nicht durch ihn, sondern durch andere Umstände ermöglicht wurde, nicht unmittelbar bei, liefert jedoch einen aufschlußreichen Hinweis. Wenn man nämlich nach einer Erklärung der Ähnlichkeiten sucht, stößt man auf die Tatsache, daß die drei Staaten gleichzeitig um 1870 in die Weltpolitik eingetreten waren, als ihre späteren Gegner bereits lange Gelegenheit zu territorialer Expansion gehabt hatten[6].

In diesem globalen Vergleich erscheint Deutschlands Weg in den Zweiten Weltkrieg als eine Fortsetzung des Großmachtstrebens von Staaten, die später als andere entstanden waren. Man kann somit in der Reichsgründung von 1871 eine weitere Bedingung erblicken. Überdies zeigt die europäische Geschichte seit dem 16. Jahrhundert, daß Staaten wie Spanien und Frankreich wiederholt versuchten, die Vorherrschaft in Europa zu erringen, und man kann die deutsche Geschichte im Ersten und im Zweiten Weltkrieg auch in diesen Zusammenhang einordnen[7]. Doch sosehr derartige Überlegungen den Geist anregen mögen, hier ging es nur darum, einige Erklärungen zu überprüfen und einige Umstände anzudeuten, ohne die es nicht denkbar ist, daß Hitler seinen Willen zum Kriege durchsetzen konnte.

Das eigentliche Wesensmerkmal seiner Herrschaft ist der

Mord an den Juden. Eroberungskriege waren immer schon geführt worden. Der Mord an den Juden war ein einzigartiger Vorgang[8]. Jedes Verständnis erscheint unmöglich, und doch stellt sich die Frage, welche Umstände genannt werden müssen, um ihn wenigstens annähernd zu erklären. Unsere Untersuchung hat auch hier dem Willen Hitlers die entscheidende Funktion zugemessen und dies damit begründet, daß vor ihm niemand den Gedanken gehabt hatte und er die Aktion vorbereitete und auslöste. Es ist eine hypothetische, aber nachvollziehbare Aussage, daß der Mord ohne Hitler nicht eingeleitet worden wäre. Sein Handlungsspielraum war auch hier sehr groß. Die angebliche Gefahr war eine gänzlich eingebildete. Die Tötungen beeinträchtigten die Kriegsanstrengungen. Selbst wenn man annimmt, daß die Deportationen unvorhergesehene Zwangslagen geschaffen hatten, können damit nicht die Tötungen in der Sowjetunion erklärt werden und auch nicht, daß zwischen 1942 und 1944 die Juden aus Oslo und aus Rhodos geholt wurden, um in Auschwitz getötet zu werden. Die einzige Erklärung scheint Judenhaß zu sein.

Damit ergibt sich ein Zusammenhang zum Antisemitismus. Ohne ihn konnte Hitler nicht Antisemit werden. Wann und wie er es wurde, ist nicht zweifelsfrei zu ermitteln. Nach seinen eigenen Aussagen wurde er es während seiner Aufenthalte in Wien zwischen 1906 und 1913. Das erschien so begreiflich, daß die meisten Historiker es übernommen haben, indem sie auf den damals in Österreich besonders virulenten Antisemitismus hinwiesen. Indessen ist aus der Zeit vor 1919 keine einzige antisemitische Äußerung Hitlers überliefert, und es kann daher bezweifelt werden, daß er damals schon Antisemit war[9]. Der amerikanische Psychohistoriker Rudolph Binion hat eine andere Erklärung angeboten. Ihr zufolge erlebte Hitler ein doppeltes

Trauma, eines beim Tode seiner Mutter am 21. Dezember 1907 nach ihrer Behandlung durch einen jüdischen Arzt und eines beim Zusammenbruch Deutschlands im November 1918 während seiner zeitweiligen Erblindung im Lazarett von Pasewalk in Pommern. Da verband er die beiden Traumata miteinander, machte für beide Ereignisse die Juden verantwortlich und beschloß, sowohl den Tod der Mutter als auch den Sturz des Vaterlandes zu rächen, indem er die Juden vernichtete und Deutschland wiederaufrichtete[10]. Diese These, die auf einer sehr gründlichen Interpretation der Quellen beruht, vermag Hitlers psychotischen Judenhaß zu erklären, und aus ihr ergibt sich ein Zusammenhang weniger zum österreichischen als zum deutschen Antisemitismus.

Die Annahme dieses Zusammenhangs lag ohnehin nahe. Nichts schien nach 1945 selbstverständlicher, als die nationalsozialistische Judenverfolgung auf einen besonders ausgeprägten Antisemitismus in Deutschland zurückzuführen. Die Historiker suchten nach Belegen und fanden sie. Inzwischen haben neuere und auch vergleichende Forschungen dieses Bild relativiert. Gewiß gab es in der wirtschaftlichen Depression nach der Reichsgründung, besonders zwischen 1878 und 1887, antisemitische Bewegungen und Parteien. Doch erfuhren sie zwischen 1903 und 1914 einen Niedergang und waren am Vorabend des Ersten Weltkrieges fast verschwunden[11]. Der Grundsatz der gesetzlichen Gleichberechtigung der Juden war trotz mancher gesellschaftlichen Diskriminierung zu keiner Zeit ernsthaft gefährdet worden[12]. In Deutschland gab es keine Pogrome wie in Rußland, keine Affäre wie die um Dreyfus in Frankreich, und auch der österreichische Antisemitismus schien ausgeprägter als der deutsche.

Der amerikanische Historiker George L. Mosse hat 1975

diesen Befund einmal mit einer zugespitzten Hypothese zu verdeutlichen versucht. Wenn man, so sagte er, Leuten im Jahre 1914 erzählt hätte, daß innerhalb einer Generation die meisten europäischen Juden ermordet sein würden, wäre ihre Antwort höchstwahrscheinlich gewesen: Die Franzosen sind zu jedem Verbrechen fähig[13]. Man könnte sich auch vorstellen, daß die Leute die Russen, die Polen oder die Österreicher verdächtigt hätten. Die Deutschen wären ihnen wohl zuletzt eingefallen.

Der Befund spricht nicht für eine Kontinuität. Um so näher lag die Annahme, daß nach 1914 in Deutschland ein besonders ausgeprägter Antisemitismus entstanden war. In der Tat kam es im Ersten Weltkrieg zu antijüdischer Agitation[14], und danach setzte in sogenannten völkischen Kreisen eine Hetze ein, die zu einigen Mordtaten führte. Der Antisemitismus war eine der wenigen Grundüberzeugungen der frühen NSDAP. Eine vergleichende Betrachtung vermochte den Anstieg zu erklären. So wie der gesteigerte russische Antisemitismus auf die Niederlage im Krimkrieg gefolgt war, der österreichische auf die doppelte Niederlage von 1859 und 1866 und der französische auf die von 1870/71, so folgte die Steigerung in Deutschland auf die Niederlage von 1918[15]. Man suchte jeweils nach Schuldigen und fand sie in den Juden.

Indessen hat eine gründliche Untersuchung kürzlich widerlegt, daß der Antisemitismus in der Weimarer Republik besonders verbreitet und ausgeprägt gewesen sei[16]. Es habe zwar, so lautet das Ergebnis, wie überall auf der Welt ein vages Gefühl des Unbehagens an den Juden gegeben. Aber um 1928 sei der Antisemitismus in Deutschland auf dem Wege zu dem allmählichen natürlichen Ende gewesen, dem er auch anderswo in der zivilisierten Welt entgegengehe[17].

So wichtig dieser Befund im allgemeinen ist, zur Beantwortung unserer besonderen Frage trägt er wenig bei. Zur Erklärung der nationalsozialistischen Judenverfolgung genügt es zunächst, daß der Antisemitismus die Überzeugung einer Minderheit war. Daß die Mehrheit diese Überzeugung nicht teilte, läßt sich vielfach belegen. Hitler machte den Antisemitismus, den er in seiner anfänglichen Agitation stark betont hatte, nach 1930 nicht zum Kernstück seiner Wahlpropaganda. Das läßt den Schluß zu, daß er sich davon keine Wahlerfolge versprach. Nach 1933 kam es nicht zu einer allgemeinen Pogromstimmung. Die Ausschreitungen wurden von Minderheiten begangen. Die geheimen Lage- und Stimmungsberichte der nationalsozialistischen Dienststellen lassen erkennen, daß die Rassengesetze und Terroraktionen gegen Juden häufig auf Ablehnung, Kritik und selbst offene Opposition stießen[18]. Freilich gab es zunehmend ein Gefühl der Gleichgültigkeit gegenüber dem Schicksal der Juden.

Aber das alles beweist nur, daß die Annahme fehlerhaft war, die nationalsozialistische Judenverfolgung könne auf einen besonders verbreiteten und ausgeprägten Antisemitismus zurückgeführt und damit erklärt werden[19]. Es bestätigt unsere Zweifel an angeblichen historischen Ursachen, die gleichsam wie Ströme durch die Geschichte laufen und irgendwann etwas bewirken. Daß Hitler und viele Nationalsozialisten Antisemiten waren und die Juden verfolgten und töteten, kann hinreichend nicht damit erklärt werden, daß es zuvor Antisemiten gegeben hatte. Wir kehren deswegen zu unserer Frage nach Umständen zurück, ohne die der Vorgang nicht gedacht werden kann.

Dabei ist die Haltung der Bevölkerung nicht ohne Belang. Zwar ist eine Diktatur nicht auf die Zustimmung oder Billigung von Mehrheiten angewiesen, und der Ausdruck von Meinungen ist in ihr sehr erschwert. Aber sie sind nicht ganz ohne Einfluß. Gegen die 1939 eingeleitete Tötung von Geisteskranken erhoben sich vielfach Einsprüche, und sie bewirkten, allerdings erst als ein Bischof sie mit großem Nachdruck öffentlich aussprach, daß die Aktion im August 1941 teilweise eingestellt wurde. Es ist demnach denkbar, daß vergleichbare Einsprüche gegen die Deportationen und Tötungen von Juden auch diese Aktion hätten verhindern oder behindern können. Die Frage, warum in diesem Falle Einsprüche in genügender Zahl und Stärke nicht erfolgten, kann nur mit Mutmaßungen beantwortet werden. Dabei ist vor allem zu berücksichtigen, daß die Einsprüche im Falle der Geisteskranken von deren Familienangehörigen und den Kirchen kamen. Im Falle der Juden hingegen war zumeist die ganze Familie den Maßnahmen ausgesetzt, und die Kirchen, die als einzige Institution noch abweichende Meinungen öffentlich aussprechen konnten, schwiegen.

Es ist ferner zu bedenken, daß sich auch in anderen Ländern, als dort die Deportationen einsetzten, kein allgemeiner Widerstand erhob. Einige Regierungen wie die italienische und die rumänische konnten die Auslieferung der Juden verweigern, soweit und solange sie sich eine gewisse Unabhängigkeit von der deutschen Regierung hatten bewahren können. Aber selbst der Papst und lange auch die alliierten Regierungen erhoben keinen Protest[20]. Es scheint, daß auch hier Gleichgültigkeit verbreitet war und die Unvorstellbarkeit des Verbrechens die Glaubwürdigkeit der Berichte beeinträchtigte.

Von den besetzten Ländern konnte nur Dänemark fast alle seine Juden retten, und dieser Fall liefert Hinweise auf eine Erklärung[21]. Ausschlaggebend für den Erfolg war nicht nur die Gesinnung der nichtjüdischen Bevölkerung, die geringe Zahl der Juden und die Nähe zu Schweden, was alles in Norwegen auch gegeben war, sondern vor allem die

Tatsache, daß als Folge des Kriegsverlaufs der freiheitliche Rechtsstaat erhalten geblieben war und die Dänen den Anschlag auf die Juden zugleich als Anschlag auf ihre Verfassungsordnung empfanden. In allen anderen Ländern, in denen diese Voraussetzung gegeben gewesen war, war zunächst die freiheitliche Rechtsordnung beseitigt worden, sei es wie in Deutschland durch die Errichtung einer Diktatur oder wie in den anderen Ländern durch militärische Besetzung, ehe die Verfolgungen und Deportationen der Juden einsetzten. Daraus kann gefolgert werden, daß die ausschlaggebende Bedingung, ohne die der Vorgang nicht gedacht werden kann, nicht Antisemitismus war, sondern die Tatsache, daß in Deutschland ein Fanatiker oder eine Gruppe von Fanatikern in den unkontrollierten Besitz der Macht geraten waren.

Nicht so sehr die Durchführung des Mordes, die danach als fast unaufhaltsam erscheint, bedarf demnach einer Erklärung, sondern die Frage, warum diese Fanatiker diese Ziele hatten. Damit kehrt die Untersuchung zu den Überzeugungen der Täter zurück. Es ist dabei zu berücksichtigen, daß die Mordaktion sich nicht nur auf Juden erstreckte, sondern auch auf die Geisteskranken, die Zigeuner und teilweise auch auf Slawen, Homosexuelle und sogenannte Asoziale. So liegt eine Ableitung aus den Rassenideologien nahe, von denen der rassische Antisemitismus nur ein Unterfall war. Die Rassenideologien hatten wie der Antisemitismus sowohl in Deutschland wie in anderen Ländern eine lange Vorgeschichte[22], und insbesondere die Tötung von Geisteskranken war anders als die Tötung der Juden vor der Verwirklichung durch die Nationalsozialisten von verschiedenen Personen empfohlen worden[23]. Doch scheint eine derartige Ableitung ebensowenig zu einer Erklärung führen zu können wie im Falle des Antisemitismus.

Die Erklärung muß bei den Tätern einsetzen, und insofern ist sie viel schwieriger als die Ableitung von Vorgängern und Vorbildern. Diese mögen die Täter beeinflußt haben, wie sich in einigen Fällen nachweisen läßt. Insbesondere die Ärzte, die Geisteskranke töteten, scheinen teilweise aus Überzeugung oder unter dem Einfluß von Rassenlehren gehandelt zu haben. Die ausführenden Organe beim Mord an den Juden scheinen hingegen nur zu einem geringen Teil aus antisemitischen Überzeugungen gehandelt zu haben. Ihre Motive kann man verallgemeinernd als Erlangung von Vorteilen bezeichnen, die die ihnen befohlene oder nahegelegte Tätigkeit versprach. Es gibt Anlaß zu der Vermutung, daß derartige Motive bis in die höchsten Ränge der nationalsozialistischen Führerschaft maßgebend waren. An ihrer Spitze aber stand Hitler, die eigentlich treibende Kraft, und die ausschlaggebende Bedingung, die ihm die Verwirklichung der Mordpläne ermöglichte, war seine Herrschaft.

Es muß wohl hinzugefügt werden, daß diese Überlegungen die Frage der Verantwortung nicht berühren. Die Verantwortung für eine Handlung trägt selbstverständlich derjenige, der die Handlung ausführt, und insofern die Verantwortung für die Handlungen einer Regierung vom Staatsvolk geteilt wird, fällt sie ebenso selbstverständlich auch auf das deutsche Volk. Indessen ergeben sich diese Feststellungen aus sittlichen und rechtlichen und nicht aus historischen Erwägungen. Der Historiker mag die Empörung aus persönlicher Überzeugung teilen. Er kann der Justiz mit Gutachten helfen. Er weiß von dem unstillbaren und sogar berechtigten Drang der Menschen, die Geschichte mit moralischen Kategorien zu beurteilen. Und doch muß er sich, wenn er die Geschichte mit den Methoden seiner Wissenschaft zu ergründen versucht, derartiger Urteile enthalten, weil er sonst, wie die Erfahrung lehrt, riskiert, die Erklärung zu verfehlen. Hitlers Herrschaft mit ihren so offenkundigen Verbrechen moralisch zu beurteilen, ist einfach. Schwieriger ist es, sie wissenschaftlich zu erklären. Das aber ist die Aufgabe des Historikers.

Daß Hitler aus der deutschen Geschichte kam, kann nicht fraglich sein. Er kam ja nicht als landfremder Eroberer ins Land. Hier bildete er seine Weltanschauung. Hier errang er die Staatsgewalt. Hier fand er die Bedingungen vor, hier erhielt er die Möglichkeiten, das zu tun, was er tat. Zu fragen ist also nicht, ob er aus der deutschen Geschichte kam, sondern wie dieser Weg verlief. Wie gelangte er in den Besitz der Macht, die ihm den Vollzug seiner Weltanschauung ermöglichte? Immer wieder hat unsere Untersuchung zu dieser Frage geführt. Er wurde ja nicht von äußeren Umständen oder drängenden Massen genötigt, das zu tun, was er tat. Er drängte seinerseits, das tun zu können, was er tun wollte. So wenig er für seinen Machtantritt die Zustimmung einer Mehrheit erhielt, so wenig erhielt er sie für den Krieg und den Mord an den Juden. Wie also gelangte er an die Macht?

Wenn man die Geschichte als eine Folge von Klassenkämpfen um den Besitz der Staatsgewalt betrachtet, dann ergibt sich, daß bisweilen alte Klassen abtreten und neue aufsteigen. Das geschieht nicht plötzlich, sondern vollzieht sich langsam, indem die Produktionsweisen sich ändern. Das klassische Beispiel in der neueren europäischen Geschichte ist der Aufstieg der Bourgeoisie und der entsprechende Abstieg des Adels. Da die Macht des Adels auf Grundbesitz beruhte, errang er die Staatsgewalt, als die vorherrschende Produktionsweise die Landwirtschaft war. Doch seit dem ausgehenden Mittelalter gewannen Handwerk, Handel, Gewerbe und schließlich Industrie einen immer größeren Anteil an der Produktion. Der Träger dieser neuen Produktionsweise war die Bourgeoisie, und indem ihre wirtschaftliche Macht wuchs, verlangte sie auch die Staatsgewalt für sich. Natürlich war der Adel zur Preisgabe seiner überlieferten Machtstellung nicht bereit, und so entstand ein Kampf um den Besitz der Staatsgewalt, der in den verschiedenen Ländern Europas verschieden verlief.

Im Zuge dieser Entwicklung wird notwendigerweise irgendwann eine Stufe erreicht, auf der die aufsteigende und die absteigende Klasse ungefähr gleich stark sind. Das ist, wie die Geschichte zeigt, immer ein kritischer Zeitraum. Denn nun ist die Staatsgewalt nicht mehr im gesicherten Besitz der alten und noch nicht im Besitz der neuen Klasse. Nun kann sich ein einzelner die Staatsgewalt aneignen, wenn es ihm gelingt, die kämpfenden Klassen gegeneinander auszuspielen. Das klassische Beispiel in der neueren europäischen Geschichte ist der Absolutismus. Der herkömmliche Monarch war an seine Klasse, den Adel, gebunden. Der absolute Monarch hingegen befreite sich aus diesen Bindungen, indem er etwa durch Ämterverkauf die Bourgeoisie an der Herrschaft beteiligte, ohne ihr jedoch die Staatsgewalt zu überlassen. Er stützte sich auf beide Klassen zugleich und wurde dadurch unabhängig von ihnen. Er war auf die Zustimmung der Stände nicht mehr angewiesen. Diese Herrschaftsform soll Monokratie genannt werden.

Weitere Beispiele finden sich in der französischen Geschichte. In der Revolution von 1789 errang die Bourgeoisie zunächst die Staatsgewalt für sich. Doch dann spaltete sie sich in zwei ungefähr gleich starke Klassen, die man die Girondisten und die Jakobiner nennen kann, und das führte nach mancherlei Kämpfen zur Monokratie Napoleons I. Der Vorgang wiederholte sich in ähnlicher Form in der

Revolution von 1848 und führte zur Monokratie Napoleons III.[24] Beide Herrschaften gewannen übrigens eine zeitweilige Stabilität in Kriegen und brachen in militärischen Niederlagen zusammen.

Auch in der deutschen Geschichte kam es einmal annähernd zu einer Monokratie. Als die Bourgeoisie in der Revolution von 1848/49 und erneut im preußischen Verfassungskonflikt seit 1860 fast die Staatsgewalt für sich errang, sicherte Bismarck die Herrschaft für seinen Monarchen, indem er die beiden kämpfenden Klassen gegeneinander ausspielte. Er kam, übrigens auch in Kriegen, der Bourgeoisie in der Frage der staatlichen Einigung und in der Wahlrechtsfrage entgegen und überwand den Widerstand des Adels. Doch kam es nicht zu einer vollen Monokratie, sondern zur Spaltung der Bourgeoisie und zu einem Kompromiß, indem sich der Adel und die reichere Bourgeoisie den Besitz der Staatsgewalt teilten.

Alsbald jedoch wurde erneut eine Stufe erreicht, auf der zwei Klassen ungefähr gleich stark waren. Wir haben sie als die Monarchisten und die Demokraten bezeichnet[25]. Es war zumal unter den Bedingungen der Verfassung von 1871 das Grundproblem des Reiches, daß die Monarchisten die Mehrheit verloren. Bismarck versuchte, mit der Sozialistenverfolgung und mit der Sozialversicherung die Demokraten niederzuhalten oder zu spalten. Doch um 1890 war dieser Versuch gescheitert. Seitdem wuchs die Mehrheit der Demokraten beständig, und es war absehbar, daß die Staatsgewalt irgendwann ganz oder teilweise auf sie übergehen würde. Wichtiger indessen als der Zeitpunkt war die Art und Weise, in der dies vor sich gehen würde. Sie würde über den künftigen Gang der deutschen Geschichte entscheiden. Die Vergangenheit bot Beispiele. Es konnte ein Kompromiß erzielt werden, den manche befürworteten. Es konnte eine

Revolution ausbrechen, ein Staatsstreich erfolgen. Die Lösung konnte in einem Kriege kommen. Während alle diese Möglichkeiten damals erörtert wurden, fand fast keine Beachtung, daß die Gleichgewichtslage auch zu einer Monokratie führen konnte. Daß ein Krieg auch über den Besitz der Staatsgewalt entscheiden würde, war manchen Zeitgenossen bewußt. Reichskanzler von Bethmann Hollweg erwartete im Juli 1914 »von einem Krieg, wie er auch ausgeht, eine Umwälzung alles Bestehenden« und widersprach heftig der gleichfalls vertretenen Auffassung, »ein Krieg würde zu einer Stärkung der patriarchalischen Ordnung und Gesinnung führen«[26]. Die monarchistische Führung Deutschlands kämpfte am Ende des Ersten Weltkrieges nicht zuletzt deswegen so hartnäckig, weil sie fürchtete, eine Niederlage würde auch ihre überlieferte Machtstellung im Inneren umstürzen. Seit der russischen Oktoberrevolution von 1917 und der Spaltung der deutschen Arbeiterbewegung waren zudem neben den Demokraten auch die Kommunisten Anwärter auf den Besitz der Staatsgewalt. Sie davon auszuschließen, war ein wichtiges Motiv, weswegen die Monarchisten im Oktober und November 1918 den Demokraten die Staatsgewalt übergaben.

Danach konnte es zunächst scheinen, als seien die Demokraten im gesicherten Besitz der Staatsgewalt. Sie erhielten im Januar 1919 eine Dreiviertelmehrheit und gaben dem Land die Verfassung einer parlamentarischen Demokratie. Doch dann verloren sie im Juni 1920 die Mehrheit, und damit kehrte die deutsche Gesellschaft in die unsichere Gleichgewichtslage zurück. Der Klassenkampf um den Besitz der Staatsgewalt begann von neuem und konnte nicht entschieden werden. Jetzt vollzog er sich zudem unter verschärften Bedingungen. Der erbitterte Streit um die Verantwortung für die Niederlage im Kriege und um die Folgelasten erschwerte einen Kompromiß. Nur angesichts äußerer Bedrängnisse kam, vor allem unter Gustav Stresemann, zeitweilig eine Zusammenarbeit zwischen Monarchisten und Demokraten zustande. Doch seit seinem Tode im Oktober 1929 führten die Monarchisten den Kampf um die Rückgewinnung der Staatsgewalt wieder ohne jede Kompromißbereitschaft.

Die Niederlage von 1918 hatte den seit etwa 1890 währenden Kampf um den Besitz der Staatsgewalt nicht nur nicht entschieden, sondern zusätzlich erschwert und verschärft. Erst jetzt wurde er in voller Schärfe ausgetragen. Keine der beiden kämpfenden Klassen hatte die Mehrheit oder genügend andere Machtmittel, um den Kampf für sich entscheiden zu können. Das ergab sich vor allem aus dem Umstand, daß sie sich nun anders als vor dem Kriege nicht mehr allein gegenüberstanden. Die Niederlage hatte zwei neuartige Bewegungen, die kommunistische und die nationalsozialistische, ins Leben gerufen, die seitdem in den Kampf eingriffen und die Entscheidung erschwerten. Besonders die Hitlerbewegung gewann seit 1929 eine Stärke, die den Weg zu einer Entscheidung versperrte. Insofern dies alles ohne die Niederlage nicht gedacht werden kann, ist sie in diesem Sinne doch die Urkatastrophe des 20. Jahrhunderts. Man könnte auch sagen, der Übergang der Staatsgewalt von den Monarchisten auf die Demokraten habe sich unter besonders ungünstigen Umständen vollzogen.

Seit 1930 waren die Monarchisten wieder im Besitz der Staatsgewalt. Aber ihre Lage war äußerst ungesichert und wurde immer prekärer. Sie hätten nun die Demokraten an der Staatsgewalt beteiligen können. Doch diese waren seit vierzig Jahren ihre Rivalen im Klassenkampf. So zogen sie es vor, die neuartige und weniger bedrohlich erscheinende Hitlerbewegung zu beteiligen. Damit überantworteten sie im Ergebnis Deutschland jenem Mann, der es in die eigentliche Katastrophe des 20. Jahrhunderts führte. Wenn man von Schuld sprechen will, dann liegt sie hier, und wenn man Schuldige nennen will, dann sind es Papen und Hugenberg, auch Schleicher und Hindenburg. Aber sie wußten nicht nur nicht, was folgte. Sie wollten es auch nicht. Nur in der Beseitigung der parlamentarischen Demokratie, gegen die sie so lange gekämpft hatten, stimmten sie mit Hitler überein, und sie ahnten nicht, daß sie damit in der besonderen Gleichgewichtslage des Klassenkampfes in Deutschland die Errichtung einer Monokratie ermöglichten.

Viele Monarchisten erkannten bald oder später, daß sie damit jeden Anteil an der Staatsgewalt verloren hatten. Sie bemühten sich, ihn zurückzugewinnen, und sei es auch nur in den für die Nation entscheidenden Fragen, ob das Land einen Krieg führen und wann es einen verlorenen Krieg beenden sollte. Schließlich erkannten sie auch, daß eine Monokratie nur durch den Sturz des Monokraten beendet werden kann, und in der Not verbündeten sie sich sogar mit einigen der wenigen Demokraten, die der Vernichtung entgangen waren. Das ist die wirkliche Geschichte der Widerstandsbewegung von 1938 bis zum 20. Juli 1944. Handlungsfähig war sie nur innerhalb des Staatsapparates, und zwar im Heer, dem einzigen Bereich, der den Monarchisten geblieben war. Allein ein Staatsstreich konnte den Monokraten von innen stürzen. Alle anderen Formen des Widerstandes wie Dissidenz, Verweigerung und Sabotage konnten nur die Auswirkungen des Regimes mildern, dieses selbst aber nicht beseitigen.

Mit dem Machtantritt Hitlers am 30. Januar 1933 brachen die Dämme. Innerhalb weniger Monate stürzte das gesamte System des Rechts- und Verfassungsstaates zusammen. Die überkommenen Normen und Verfahrensregeln wurden außer Kraft gesetzt. Jede Form der Kontrolle und der Mitbestimmung verschwand. Der Staat wurde zum Instrument eines einzelnen, und dieser gewann damit eine extrem hohe Chance zur Durchsetzung seiner individuellen Ziele. Er hatte nur zwei, Eroberung von Land und Entfernung der Juden, und stellte seine Herrschaft bis zum Untergang ganz in ihren Dienst. Die Monokratie ermöglichte ihm den Vollzug seiner Weltanschauung.

Die Geschichte kennt Beispiele für die Entstehung und den Verlauf von Monokratien. Sie sind selten, aber die Herrschaft Hitlers war nicht ohne Vorgänger. Es ist merkwürdig, daß drei große deutsche Sozialwissenschaftler, nämlich Karl Marx und Friedrich Engels sowie Max Weber, diese Herrschaftsform beschrieben haben, ehe sie in Deutschland Wirklichkeit wurde. Sowohl der Typus der bonapartistischen wie der der charismatischen Herrschaft kann zur Erklärung verwendet werden. Was sie indessen nicht zu erklären vermögen, ist die abgründige Kriminalität und Unmenschlichkeit Hitlers. Weder Marx und Engels noch Weber haben ihren Herrschertypen diese Eigenschaft zugeschrieben. Sie haben erkannt, daß ein solcher Herrscher frei von Bindungen ist, und Marx und Engels haben auch darauf verwiesen, daß er um des Machterhalts im Innern willen nach außen Krieg führt. Daß Hitler aber ein fanatischer Massenmörder war, ist damit nicht zu erklären, es sei denn mit der extrem großen Handlungsfreiheit eines Monokraten.

Hier steht der Historiker, wie es scheint, endgültig an den Grenzen seiner Wissenschaft, und da es ihm nicht erlaubt ist, den Zufall oder das Verhängnis zur Erklärung zu verwenden, obwohl er doch weiß, daß es beides gibt, kann er am Ende nur gestehen, daß er nicht alles erklären kann. Wenn erklären heißt einem Verlauf einen Sinn geben, dann ist das ganz und gar Sinnlose dieser Bemühung vielleicht ohnehin unzugänglich.

Hitlers Weg kam aus der deutschen Geschichte und führte aus ihr heraus in Abgründe, wie sie die Menschheit vorher niemals betreten hatte.

Anmerkungen

Vorwort

1 Eberhard Jäckel, Hitlers Weltanschauung (1969, erweiterte und überarbeitete Neuausgabe 1981).

2 Ders., Der Machtantritt Hitlers, in: Volker Rittberger (Hg.), 1933. Wie die Republik der Diktatur erlag (1983) S. 123ff.

3 Ders., Hitler in History (1984).

4 Ders., Hitler und der Mord an den europäischen Juden, erstmals gekürzt veröffentlicht in *Frankfurter Allgemeine Zeitung* vom 25. 8. 1977, vollständig in: Peter Märthesheimer u. a. (Hg.), Im Kreuzfeuer: Der Fernsehfilm »Holocaust« (1979) S. 151ff.; Eberhard Jäckel und Jürgen Rohwer (Hg.), Der Mord an den Juden im Zweiten Weltkrieg (1985).

1. Kapitel
Der Weg zur Macht

1 Statt vieler Literaturangaben seien zwei Werke genannt, die den gegenwärtigen Forschungsstand zuverlässig wiedergeben, und in denen die weitere Literatur genannt ist. Zur Verfassungsgeschichte: Ernst Rudolf Huber, Deutsche Verfassungsgeschichte seit 1789. Band VI: Die Weimarer Reichsverfassung (1981) und Band VII: Ausbau, Schutz und Untergang der Weimarer Republik (1984). Zur politischen Geschichte: Eberhard Kolb, Die Weimarer Republik (1984). Die Geschichte der Weimarer Republik wird im folgenden natürlich nur insoweit erzählt, wie es zur Erklärung von Hitlers Machtantritt erforderlich erscheint. Manchen Leser wird es überraschen, daß dabei fast nicht von den äußeren Belastungen, vom Versailler Vertrag, den Reparationen, später von der Weltwirtschaftskrise, die Rede ist, die gewöhnlich zur Erklä-

rung des Scheiterns der Weimarer Republik angeführt werden. Dazu ist zunächst zu sagen, daß ich nicht dieses Scheitern, sondern Hitlers Machtantritt zu erklären versuche, und daß dies zwei verschiedene Fragen sind, die zwar eng miteinander zusammenhängen, aber nicht identisch sind. Aus dem Scheitern der Weimarer Republik mußte nicht notwendigerweise der Machtantritt Hitlers hervorgehen. Es hätte sich daraus auch eine Monarchie, eine Militärdiktatur oder noch eine andere Regierungsform ergeben können. Im übrigen liegt meiner Erklärung die Überzeugung zugrunde, daß die langfristigen inneren Entwicklungstendenzen der deutschen Gesellschaft weit mehr zu Hitlers Machtantritt beitrugen als die kurzfristigen äußeren Belastungen, deren Bedeutung in diesem Zusammenhang oft überschätzt wird.

2 Vgl. Erich Matthias (Hg.), Der Interfraktionelle Ausschuß 1917/18. 2 Bände (1959), besonders 1/I S. XI.

3 Siehe dazu die Tabelle »Die Wahlentwicklung in Deutschland 1871–1933« auf S. 15.

4 Die Zahlenangaben sind entnommen aus: Alfred Milatz, Wähler und Wahlen in der Weimarer Republik (1965) S. 24 und passim. Während auch Milatz die verschiedenen Konservativen und linksliberalen Parteien zu je einer Gruppe zusammenzählte, beruht die weitere Summierung von Monarchisten und Demokraten auf meinen Rechnungen. Die Begriffe werden im Text erläutert. Kons. heißt Konservative Parteien, Nat. Nationalliberale Partei, Z Zentrum (ohne Bayerische Volkspartei, die Milatz S. 97 hinzuzählt, bei mir aber abgezogen wurde, weil sie nicht zur Weimarer Koalition gehörte), Lib. linksliberale Parteien. Es soll betont werden, daß die Tabelle nur grobe Annäherungswerte liefert. So war etwa das Lager der Monarchisten fast stets größer als die hier berücksichtigten Parteien, ist die Zugehörigkeit des Zentrums zum demokratischen, teils auch die der DVP zum monarchistischen Lager bezweifelbar und so fort. Die Tabelle zeigt also lediglich Trends, verdeutlicht aber, weil sie die gesamte Zeit von 1871 bis 1933 umfaßt, die langfristigen Entwicklungstendenzen. Gewöhnlich wird die Weimarer Republik viel zu isoliert betrachtet und folglich der Einschnitt von 1918 weit überschätzt.

5 Auch diese Zahlen sollen nur einen Trend anzeigen, nicht die genauen Stärkeverhältnisse wiedergeben, die ohnehin kaum zu ermitteln sind. Es geht um die Grundtatsache, daß die deutsche Führungsschicht im Zuge der Industrialisierung und des entsprechenden Anwachsens der Arbeiterbewegung längst vor dem Kriege in eine Minderheitsposition geraten war, und daß dieser Widerspruch das Hauptproblem der deut-

schen Gesellschaft war, der durch den Kriegsausgang nur ganz offenbar wurde, aber nicht geschaffen worden war.

6 Es war allerdings wegen der verspätet aufgetretenen DVP, die nur 4,4 Prozent der Stimmen erhielt, für die Monarchisten besonders ungünstig. Repräsentativer dürfte das Ergebnis der Reichstagswahlen von 1920 sein, in denen die DVP mit 13,9 Prozent ziemlich genau den Stand der Nationalliberalen von 1912 erreichte.

7 Die Ursache der Niederlage war demnach nicht, wie oft angenommen wird, der inzwischen unterzeichnete Friedensvertrag. Zu beachten ist auch, daß die Spaltung der SPD ursprünglich keine Folge des Kriegsausgangs war, sondern im Kriege erfolgt war und im übrigen auf längst vor dem Kriege entstandene Gegensätze in der Partei zurückging.

8 Ständig forderten sie daher die unverzügliche Volkswahl des Reichspräsidenten, benannten schon damals Hindenburg als ihren Kandidaten, und die DNVP widersetzte sich auch der Verfassungsänderung, mit der im Oktober 1922 die Amtszeit Eberts, der ja nur von der Nationalversammlung gewählt worden war, bis Ende Juni 1925 verlängert wurde. Huber, a.a.O. Bd. VII, S. 264ff.

9 Die Zahl ist natürlich nur eine Schätzung. Die BVP hatte bei den Reichstagswahlen vom Dezember 1924 1 131 979 Stimmen erhalten und erhielt 1928 1 054 460, so daß die Zahl ungefähr ihr damaliges Potential wiedergibt. Diese und alle anderen Wahlergebnisse nach den jeweiligen Bänden des Statistischen Jahrbuchs für das Deutsche Reich.

10 Kolb, a.a.O. S. 82f.; Josef Becker, Zur Politik der Wehrmachtabteilung in der Regierungskrise 1926/27, in: Vierteljahrshefte für Zeitgeschichte 14 (1966) S. 72.

11 Kolb, a.a.O. S. 82. Es ist erstaunlich, daß die Bedeutung der Wahl Hindenburgs für die parlamentarische Demokratie oft geringgeschätzt wurde. Natürlich band er in gewissem Maße auch die Monarchisten an den neuen Staat. Aber ebenso natürlich änderte Hindenburg seine Anschauungen nicht. In einem Brief vom 11. Oktober 1923 hatte er der »Hoffnung Ausdruck gegeben, daß der Parlamentarismus ein baldiges Ende nehmen möchte«; Dorothea Groener-Geyer, General Groener (1955) S. 221. Kolb, a.a.O. S. 19, zitiert den USPD-Abgeordneten Cohn, der bei den Beratungen über den Artikel 48 in der Nationalversammlung warnend fragte, was geschähe, »wenn ein Trabant der Hohenzollern, vielleicht ein General, an der Spitze des Reichs« stünde.

12 Andreas Dorpalen, Hindenburg in der Geschichte der Weimarer Republik (1966) S. 116f.

13 A.a.O. S. 133f.

14 Niederschrift Graf Westarps, in: Erasmus Jonas, Die Volkskonservativen 1928–1933 (1965) S. 188.

15 Vgl. Kolb, a.a.O. S. 124, und Helga Timm, Die deutsche Sozialpolitik und der Bruch der großen Koalition im März 1930 (1952, Nachdruck 1982). Ich übergehe hier bewußt die Umstände, die zum Rücktritt der Regierung Hermann Müller führten, will aber hinzufügen, daß sie nicht von Hindenburg herbeigeführt worden waren. Dieser konnte vielmehr deswegen so handeln, wie er handeln wollte, weil die Regierung und die Reichstagsmehrheit konsensunfähig geworden waren.

16 Das war lange umstritten, bis Brüning es selbst in seinen Memoiren 1918–1934 (1970) in überraschender Offenheit so darlegte. Seine Schilderung ist um so glaubwürdiger, als er selbst damit die Legende zerstörte, er sei die letzte parlamentarisch-demokratische Alternative zu Hitler gewesen. Freilich stimmte er in den Verfahrensfragen nicht mit Hindenburg überein. Während dieser »sich eine Monarchie bzw. ihre Wiederherstellung nur denken konnte unter Zurückberufung Wilhelms II. und seiner Umgebung mit beratenden militärischen Führern unter Ausschluß aller übrigen Kreise des Volkes«, stellte Brüning sich vor, die »Präsidentschaft [Hindenburgs mit einer verfassungsändernden Zweidrittelmehrheit im Reichstag] in eine Regentschaft für einen der Söhne des Kronprinzen« umzuwandeln. A.a.O. S. 512, vgl. auch S. 145ff., 387, 453ff. und 520f. Zur Kontroverse um Brüning vgl. Kolb, a.a.O. S. 199ff. Zu den vorherigen Absprachen mit Brüning findet sich viel dokumentarisches Material bei Gerhard Schulz (Hg.), Politik und Wirtschaft in der Krise 1930–1932. Quellen zur Ära Brüning (1980); vgl. auch Ders. (Hg.), Staat und NSDAP 1930–1932. Quellen zur Ära Brüning (1977).

17 Wie das im einzelnen bewerkstelligt werden sollte, blieb immer unklar. Am ehesten hoffte Brüning wohl, auf der Woge von außenpolitischen Erfolgen bei der Revision des Versailler Vertrages eine Mehrheit im Reichstag für entsprechende Verfassungsänderungen zu finden. Doch dürfte das immer eine Illusion gewesen sein, und so scheint der ganze Restaurationskurs Züge von Undurchdachtheit, um nicht zu sagen von Leichtfertigkeit zu tragen.

18 Bei den Landtagswahlen vom 20. Mai 1928 hatte die NSDAP in Preußen und Württemberg je 1,8 Prozent der Stimmen erhalten und war nur in Bayern auf 6,1 Prozent gekommen. 1929 hatten fünf Landtags- bzw. Bürgerschaftswahlen stattgefunden. Die NSDAP erhielt am 6. Januar in Lippe 3,3 Prozent, am 23. Juni in Mecklenburg-Schwerin 4,0, am 27. Oktober in Baden 7,0, am 10. November in Lübeck 8,1 und

am 8. Dezember in Thüringen 11,3 Prozent der Stimmen. Statistisches Jahrbuch für das Deutsche Reich 49 (1930) S. 564f. Zu beachten bleibt, daß entgegen der fast allgemein verbreiteten Auffassung der Anstieg der NSDAP wie übrigens auch der Restaurationskurs Hindenburgs vor dem Beginn der Weltwirtschaftskrise einsetzte.

19 Es sei schon hier angemerkt, daß ich diesen Begriff ganz im Sinne Max Webers verwende, wie auch die spätere Herrschaft Hitlers durchaus dem Weberschen Typus der charismatischen Herrschaft entspricht. Vgl. Max Weber, Wirtschaft und Gesellschaft (Erster Teil, Kapitel III, § 10), und M. Rainer Lepsius, Charismatic Leadership: Max Weber's Model and its Applicability to the Rule of Hitler, in: Carl Friedrich Graumann und Serge Moscovici (Hg.), Changing Conceptions of Leadership (1986).

20 So in der Satzung der NSDAP vom 29. Juli 1921. 1922 und 1923 sowie von 1926 bis 1930 wurde Hitler auf der jährlichen Generalmitgliederversammlung jeweils einstimmig wiedergewählt. Dann entfiel auch dieser Akt. Albrecht Tyrell, Vom »Trommler« zum »Führer«. Der Wandel von Hitlers Selbstverständnis zwischen 1919 und 1924 und die Entwicklung der NSDAP (1975) S. 149.

21 Da die Verfassung in Artikel 54 nicht ausdrücklich verlangte, daß das Vertrauen ausgesprochen werden mußte, hatte sich schon zu Beginn der Weimarer Republik die Praxis herausgebildet, daß es nur ausgesprochen oder entzogen werden konnte. Seitdem gingen die Reichskanzler davon aus, daß sie das Vertrauen hatten, solange es ihnen nicht entzogen worden war. Huber, a.a.O. Bd. VI, S. 330.

22 Zu den Gründen, die in diesem Zusammenhang unerheblich sind, gehörten unter anderem Abwehr der NSDAP und Rücksicht auf die Weimarer Koalition in Preußen.

23 Dorpalen, a.a.O. S. 248f.; vgl. auch Anm. 16.

24 Huber, a.a.O. Bd. VII, S. 900ff.

25 Aus diesem Anlaß wurde er deutscher Staatsangehöriger. Vgl. Rudolf Morsey, Hitler als braunschweigischer Regierungsrat, in: Vierteljahrshefte für Zeitgeschichte 8 (1960) S. 419ff. – Das Wahlergebnis lag wiederum im Trend der Landtags- bzw. Bürgerschaftswahlen. Die NSDAP hatte 1930 am 14. September in Braunschweig 22,2 und am 30. November in Bremen 25,4, 1931 am 3. Mai in Schaumburg-Lippe 27,0 und am 17. Mai in Oldenburg 37,2 Prozent der Stimmen erhalten, war allerdings am 13. März 1932 in Mecklenburg-Strelitz auf 23,9 Prozent zurückgegangen. Statistisches Jahrbuch, a.a.O. 49 (1930) S. 564f. und 51 (1932) S. 544f.

26 Kolb, a.a.O. S. 132f., zitiert, wie Hermann Dietrich, Vizekanzler und Finanzminister im Kabinett Brüning, einige Tage später die Motive der Kanzlerstürzer charakterisierte: »Die tieferen Gründe der Beseitigung Brünings liegen darin, daß eine Schicht, die vorher im Staat keinen entscheidenden Einfluß mehr hatte, nämlich das Alt-Preußentum, die Herrschaft wieder an sich zu nehmen gewillt ist ... Die ersten Versuche zur Ergreifung der Macht hat diese Bevölkerungsschicht schon zur Zeit der Regierungsbildung unter Brüning gemacht. Brüning sollte das Steuer nach rechts drehen. Diesen Rechtsabmarsch hat Brüning auch versucht, aber nicht fertiggebracht aus der Macht der Tatsachen heraus, und so ist er gefallen, weil er die Erwartungen der Herren enttäuscht hat.«

27 Er trat zwei Tage später aus dem Zentrum aus. Huber, a.a.O. Bd. VII, S. 982.

28 Vgl. Thilo Vogelsang, Reichswehr, Staat und NSDAP (1962). Schleicher ist ein besonders herausragendes Beispiel von Verselbständigung des Staatsapparates.

29 Die damals vielerörterten Pläne umfaßten die Beseitigung des Mißtrauensvotums, die Rückkehr zum Mehrheitswahlsystem (mit Zusatzstimmen für höheres Lebensalter, für gesicherten Familienstand, für berufliche Bewährung), die Einführung eines echten Zweikammersystems und den Umbau des Reichswirtschaftsrates zu einer berufsständischen Kammer. Dazu kamen Reichsreformpläne, die vor allem auf die Überwindung des Dualismus Reich-Preußen abzielten. Huber, a.a.O. Bd. VII, S. 1008f. Zu beachten ist, daß alle diese Projekte zur Überwindung der inzwischen voll ausgebrochenen Weltwirtschaftskrise nichts beitrugen. Dieses Problem war nicht die Hauptsorge der Regierung Papen.

30 Ausführliche und verständnisvolle Schilderung der Reichsintervention in Preußen bei Huber, a.a.O. Bd. VII, S. 1009ff.

31 Da nach dem Wahlgesetz Parteien, die gewisse Mindeststimmenzahlen nicht erreichten, bei der Mandatszuteilung nicht berücksichtigt wurden, diese Zwergparteien aber die Zurechnung ihrer Stimmen zugunsten einer anderen Partei beantragen konnten, erhielt die NSDAP auf diese Weise noch 33 300 zusätzliche Stimmen und kam so im Endergebnis sogar auf 37,4 Prozent. Diese Zahl, die man gelegentlich zitiert findet, entspricht jedoch nicht dem Anteil der unmittelbar für die NSDAP abgegebenen Stimmen.

32 Am selben Tage hatten noch vier weitere Landtags- bzw. Bürgerschaftswahlen stattgefunden. Dabei erhielt die NSDAP in Bayern 32,5,

in Württemberg 26,4, in Hamburg 31,2 und in Anhalt 40,9 Prozent der Stimmen. Statistisches Jahrbuch, a.a.O. 51 (1932) S. 544f.

33 Vgl. Richard F. Hamilton, Who Voted for Hitler? (1982).

34 Die weitverbreitete Schlußfolgerung von der gleichzeitig und etwa gleich ansteigenden Zahl der Arbeitslosen und der NSDAP-Wähler auf einen gleich starken Übergang der Arbeitslosen zur NSDAP ist unbelegt und wird von Hamilton, a.a.O., eher widerlegt.

35 Was auf diesem Gebiet von Zeitgenossen und bis heute auch von Wissenschaftlern vorgetragen wurde, ist fast durchweg reine Spekulation. Ich beschränke mich auf einige Kann-Sätze.

36 Die KPD war die einzige Partei, die bei den Reichstagswahlen dieser Jahre beständig zunahm. Im Mai 1928 erhielt sie 10,6, im September 1930 13,1, im Juli 1932 14,3 und im November 1932 16,9 Prozent der Stimmen. Man kann ferner anführen, daß die Angst vor dem Kommunismus sich seit 1917, übrigens nicht nur in Deutschland, bis zur Panik gesteigert hatte und der Antikommunismus ein Kernstück von Hitlers Verkündigungen war.

37 Aufzeichnung des Staatssekretärs Dr. Meißner über eine Besprechung Hindenburg/Hitler am 13. August 1932, in: Vogelsang, a.a.O. S. 479.

38 Ebd.

39 Dorpalen, a.a.O. S. 340f.; Huber, a.a.O. Bd. VII, S. 1079ff.

40 Schreiben des Staatssekretärs Dr. Meißner an Hitler vom 24. November 1932, in: Ernst Rudolf Huber (Hg.), Dokumente zur deutschen Verfassungsgeschichte Bd. 3 (1966) S. 559.

41 Er war am 17. November zurückgetreten und seitdem mit der Weiterführung der Geschäfte beauftragt. Eine solche »Geschäftsregierung« war einem Mißtrauensvotum nicht ausgesetzt und hätte also fortbestehen können. So Huber, Verfassungsgeschichte, a.a.O. Bd. VII, S. 1147. Doch scheint dieser Ausweg nicht ernsthaft erwogen worden zu sein.

42 Vogelsang, a.a.O. S. 332; Huber, a.a.O. Bd. VII, S. 1160. Dort ist auch der weitere Ablauf beschrieben.

43 Von den vielen Gesprächen, die er in dieser Zeit führte, ist dasjenige bemerkenswert, zu dem er am 6. Januar 1933 den langjährigen preußischen Ministerpräsidenten Otto Braun (SPD) empfing. Dieser machte ihm ein konkretes Angebot, das er in seinen Memoiren, Von Weimar bis Hitler (1940), folgendermaßen wiedergab: »Heben Sie die Verordnung über den Reichskommissar in Preußen auf. Ich will dann ohne Rücksicht auf meine Gesundheit die Führung der Staatsgeschäfte wieder fest in die Hand nehmen. Sie lösen den Reichstag auf, ich führe die Auflösung des Landtages herbei. Wir schieben die Wahlen bis weit

in das Frühjahr hinaus, regieren inzwischen mit Verordnungen und führen einen einheitlichen nachdrücklichen Kampf gegen die Machtansprüche der Nationalsozialisten. Diese haben bei der Novemberwahl bereits zwei Millionen Stimmen verloren, haben ihren Höhepunkt überschritten und befinden sich im Rückgange. Wir brauchen nur noch nachzustoßen, um ihnen bei Frühjahrswahlen eine vernichtende Niederlage zu bereiten. [...] Ist der nationalsozialistische Spuk zerstoben, dann bekommen wir arbeitsfähige Parlamente und können der schwierigen Probleme Herr werden, um so mehr als auch die Wirtschaftskrise offenbar ihren Höhepunkt überschritten hat und Aussicht auf Besserung der Wirtschaftslage besteht.« Hagen Schulze, Otto Braun oder Preußens demokratische Sendung (1977) S. 774; vgl. auch Huber, a.a.O. Bd. VII, S. 1217ff. Schleicher ging auf das Angebot nicht ein. Seine Motive sind nicht überliefert, aber erkennbar. Sowohl eine Zusammenarbeit mit der SPD wie die Aufhebung der Reichsintervention in Preußen und die Rückkehr zu einem arbeitsfähigen Parlamentarismus widersprachen allem, was er und Hindenburg seit Jahren angestrebt hatten. Ihr Hauptziel war auch jetzt nicht die Verhinderung einer nationalsozialistischen Herrschaft, jedenfalls nicht in Zusammenarbeit mit der SPD, sondern die konservative Restauration. Schleichers Querfront-Taktik war letzten Endes nicht viel mehr als der hilflose Versuch, die beiden gegnerischen Lager der Arbeiterbewegung und der Nationalsozialisten zu spalten.

44 Papen sagte zu seiner Umgebung: »Was wollen Sie denn. Ich habe das Vertrauen Hindenburgs. In zwei Monaten haben wir Hitler in die Ecke gedrückt, daß er quietscht.« Aufzeichnung von Ewald von Kleist-Schmenzin, in: Politische Studien 10 (1959) S. 92.

45 Dorpalen, a.a.O. S. 405.

46 A.a.O. S. 409.

47 Vgl. John A. Leopold, Alfred Hugenberg. The Radical Nationalist Campaign against the Weimar Republic (1977).

48 Die Parteien der Weimarer Koalition hatten 33,3 Prozent gegenüber den 33,1 für die NSDAP abgegebenen.

49 Am Schluß sei die in allen Teilen der Welt verbreitetste Erklärung (Theorie) wenigstens erwähnt, derzufolge die Großindustrie (unter zahlreichen Bezeichnungen) die Machtübernahme des Nationalsozialismus (Faschismus) wollte, förderte und herbeiführte. Sie stammt aus dem politischen Kampf der Zeit und wurde in der SPD, besonders aber in der KPD vertreten. Dort führte sie 1928 zur Abspaltung einer KPD-Opposition (KPD-O), deren Wortführer August Thalheimer die An-

sicht vertrat, der beste Ausgangspunkt für die Untersuchung des Faschismus scheine die Marxsche und Engelssche Analyse des Bonapartismus zu sein. In der Zeitschrift *Gegen den Strom* (1928–1935, Nachdruck 1985, Bd. 2, S. 28 und passim). Vgl. Leonid Luks, Entstehung der kommunistischen Faschismustheorie (1984). Demgegenüber beschloß der VI. Weltkongreß der (Dritten) Kommunistischen Internationale (Komintern) 1928 in Moskau, der Faschismus sei die »terroristische Diktatur des Großkapitals«. Das Exekutivkomitee der Komintern definierte ihn im Dezember 1933 als »die offene terroristische Diktatur der am meisten reaktionären, chauvinistischen und imperialistischen Elemente des Finanzkapitals«. Diese Formel wurde 1935 auf dem VII. (und letzten) Weltkongreß der Komintern bestätigt. Sie ist seitdem in der Sowjetunion und seit 1945 in den von ihr abhängigen Ländern verbindliche Richtlinie der historischen Forschung, wird aber auch anderswo der Interpretation zugrunde gelegt. Die Massen der entsprechenden Literatur sind unübersehbar. Mir scheint die Formel auf einer schweren Verkennung des eigentlichen Klassenkampfes in der Weimarer Republik zu beruhen, vor allem in der undifferenzierten, aus dem Parteienkonflikt entstandenen, Gleichsetzung von Bourgeoisie und Sozialdemokratie (Sozialfaschismus), und ich halte das Bonapartismusmodell von Marx und Engels für einen weitaus geeigneteren Ausgangspunkt, dem meine Untersuchung viel verdankt. Die Inhaber der Produktionsmittel waren, wie ich oben sagte, ganz überwiegend Monarchisten, unterstützten, soweit sie sich politisch betätigten, deren Kurs und gingen (großenteils) erst dann zu den Nationalsozialisten über, als diese im Begriff waren, die Staatsgewalt zu übernehmen. Neuere Quellenuntersuchungen bestätigen das. Vgl. Reinhard Neebe, Großindustrie, Staat und NSDAP 1930–1933 (1981) und vor allem Henry Ashby Turner, Jr., Die Großunternehmer und der Aufstieg Hitlers (1985).

2. Kapitel
Der Weg zur Herrschaft

1 So die *New York Times* vom 31. Januar 1933 und verschiedene deutsche Zeitungen, nach: Andreas Dorpalen, Hindenburg and the Weimar Republic (1964) S. 444. Ganz ähnlich nannte die Moskauer *Prawda* vom selben Tage Hugenberg die wichtigste Persönlichkeit des Kabinetts, nach: Erich Matthias und Rudolf Morsey (Hg.), Das Ende der

Parteien 1933 (1960) S. 689 f. Vgl. auch Alfred Grosser, Hitler, la presse et la naissance d'une dictature (1959) S. 131 ff.

2 Solche Herrschaftsformen sind selten, aber nicht ohne Vorgänger in der Geschichte. Karl Marx und Friedrich Engels, die sie gewissermaßen entdeckten und erstmals vorbildlich beschrieben, nannten diesen Typus Bonapartismus, begründeten ihn damit, daß eine aufsteigende und eine absteigende Klasse sich ungefähr das Gleichgewicht hielten, und fanden ihn in den westeuropäischen absoluten Monarchien seit dem 16. Jahrhundert sowie besonders bei Napoleon I., Napoleon III. und Bismarck. Mir scheint, daß Hitlers Herrschaft weithin diesem Typus entspricht. Ich habe die Ableitung einmal skizzenhaft erläutert und Belege angeführt in: Wie kam Hitler an die Macht? In: Karl Dietrich Erdmann und Hagen Schulze (Hg.), Weimar. Selbstpreisgabe einer Demokratie (1980) S. 305 ff. Vgl. Wolfgang Wippermann, Die Bonapartismustheorie von Marx und Engels (1983). Natürlich hat diese Theorie für meine ganz und gar historische Untersuchung nur eine Pfadfinderfunktion.

3 So sprach Hitler öfter, etwa am 17. Oktober 1932: »Wenn wir einmal die Macht bekommen, dann werden wir sie, so wahr uns Gott helfe, behalten. Wegnehmen lassen wir sie uns dann nicht mehr.« Max Domarus (Hg.), Hitler. Reden und Proklamationen 1932–1945 (1962 und 1963) S. 140.

4 Die Protokolle der Kabinettssitzungen und Ministerbesprechungen vom 30. Januar 1933 bis 27. August 1934 sind zusammen mit dazugehörigen Aktenstücken veröffentlicht: Karl-Heinz Minuth (Hg.), Die Regierung Hitler. 2 Bände (1983) [im folgenden zitiert als Regierung Hitler], S. 2 ff. Vgl. im übrigen die umfängliche Darstellung von Karl Dietrich Bracher, Wolfgang Sauer und Gerhard Schulz, Die nationalsozialistische Machtergreifung (1960). Hitler vermied übrigens diesen Begriff. Vgl. Norbert Frei, »Machtergreifung«. Anmerkungen zu einem historischen Begriff, in: Vierteljahrshefte für Zeitgeschichte 31 (1983) S. 136 ff.

5 Regierung Hitler S. 30 f. Natürlich war Geld jetzt auch anderswo zu haben, etwa von der Industrie.

6 A.a.O. S. 9, 29 f. und 34 f.

7 Siehe oben S. 30 und Ernst Rudolf Huber, Deutsche Verfassungsgeschichte seit 1789, Bd. VII (1984) S. 1120 ff.

8 Regierung Hitler S. 35 f. und 39 ff.; Reichsgesetzblatt 1933 I S. 43. Da dort alle Gesetze und Verordnungen veröffentlicht und leicht zu finden sind, wird diese Quelle im folgenden nicht jedesmal genannt.

9 Bracher, a.a.O. S. 72f.

10 Die Urheberschaft der Brandstiftung war und ist umstritten. Die nationalsozialistische Behauptung, der Brand sei von der KPD gelegt worden, erwies sich schon bald als unhaltbar. Er kam dagegen der NSDAP so gelegen, daß die These, die Brandstiftung sei von ihr ausgegangen, vielfach Glauben fand. Am wahrscheinlichsten ist heute, daß der Brand das Werk eines Einzelgängers war. So Fritz Tobias, Der Reichstagsbrand (1962). Die Frage nach dem Urheber ist im übrigen ohne große Bedeutung. Vgl. Hans Mommsen, Der Reichstagsbrand und seine politischen Folgen, in: Vierteljahrshefte für Zeitgeschichte 12 (1964) S. 352ff., und Uwe Backes u. a., Reichstagsbrand – Aufklärung einer historischen Legende (1986).

11 Regierung Hitler S. 128.

12 A.a.O. S. 130.

13 Martin Broszat, Nationalsozialistische Konzentrationslager 1933–1945, in: Hans Buchheim u. a. (Hg.), Anatomie des SS-Staates, Bd. II (1965) S. 20. Demnach wurden bis zum 15. März mindestens 10 000 und bis Ende April 1933 über 25 000 Personen in Preußen in sogenannte Schutzhaft genommen.

14 Reichsgesetzblatt 1933 I S. 83.

15 Regierung Hitler S. 130f. und 132f.

16 A.a.O. S. 89.

17 Statistisches Jahrbuch für das Deutsche Reich 52 (1933) S. 540f.

18 Niederschrift der Ansprache, Nürnberger Dokument D-203, in: Der Prozeß gegen die Hauptkriegsverbrecher vor dem Internationalen Militärgerichtshof, Bd. XXXV (1949) S. 46.

19 Regierung Hitler S. 159 und 193ff.

20 A.a.O. S. 129, 151 und 157ff.

21 Das versprach Hitler wiederholt auch Hindenburg. Andreas Dorpalen, Hindenburg in der Geschichte der Weimarer Republik (1966) S. 425 und 448ff.

22 Regierung Hitler S. 216.

23 A.a.O. S. 239ff.

24 A.a.O. S. 214. Hitler hatte schon am 7. März erklärt, die Abgeordneten der KPD würden »nicht in Erscheinung treten, weil sie sich in Haft befänden«; a.a.O. S. 160. Tatsächlich ging Reichstagspräsident Göring in der Reichstagssitzung vom 23. März von dieser Rechnung aus, obwohl es dafür keinerlei Rechtsgrundlage gab; Stenographische Berichte des Reichstags (1933) S. 40. Erst nachträglich erklärte das aufgrund des Ermächtigungsgesetzes erlassene »Vorläufige Gesetz zur

Gleichschaltung der Länder mit dem Reich« vom 31. März 1933 in seinem Paragraphen 10 »die Zuteilung von Sitzen auf Wahlvorschläge der Kommunistischen Partei für den Reichstag [...] auf Grund des Wahlergebnisses vom 5. März 1933 [für] unwirksam«; Reichsgesetzblatt 1933 I S. 154.

25 Hitler machte das in seiner Regierungserklärung vor dem Reichstag ganz klar. Die Regierung bestehe, sagte er, »auf der Verabschiedung dieses Gesetzes. Sie zieht in jedem Falle eine klare Entscheidung vor. Sie bietet den Parteien des Reichstags die Möglichkeit einer ruhigen deutschen Entwicklung und einer sich daraus in der Zukunft anbahnenden Verständigung; sie ist aber ebenso entschlossen und bereit, die Bekundung der Ablehnung und damit die Ansage des Widerstands entgegenzunehmen. Mögen Sie, meine Herren, nunmehr selbst die Entscheidung treffen über Frieden oder Krieg.« Stenographische Berichte des Reichstags (1933) S. 32. Und in seiner Erwiderung auf die Rede des SPD-Vorsitzenden Otto Wels appellierte er noch einmal an den Reichstag, »uns zu genehmigen, was wir auch ohnedem hätten nehmen können«; a.a.O. S. 36. Es sei noch hinzugefügt, daß ich alle die voraufgegangenen Berechnungen natürlich nicht angeführt habe, um die vielerörterte, in Wahrheit aber gänzlich nebensächliche Frage nach der Legalität des Ermächtigungsgesetzes zu behandeln, sondern nur um zu zeigen, wie vorsichtig Hitler und die Nationalsozialisten zu Werke gingen.

26 Regierung Hitler S. 239.

27 Am 30. Januar 1937 wurde es vom Reichstag bis zum 1. April 1941 verlängert, am 30. Januar 1939 bis zum 10. Mai 1943, und an diesem Tage verlängerte es Hitler sich selbst durch einen »Erlaß des Führers über die Regierungsgesetzgebung« auf unbestimmte Zeit.

28 Regierung Hitler S. 273.

29 Vgl. a.a.O. S. 312.

30 A.a.O. S. 311 f.

31 A.a.O. S. 577 ff.

32 Vgl. Friedrich Frhr. Hiller von Gaertringen, Die Deutschnationale Volkspartei, in: Erich Matthias und Rudolf Morsey (Hg.), Das Ende der Parteien 1933 (1960) S. 541 ff., und Anton Ritthaler, Eine Etappe auf Hitlers Weg zur ungeteilten Macht. Hugenbergs Rücktritt als Reichsminister, in: Vierteljahrshefte für Zeitgeschichte 8 (1960) S. 193 ff. Die rasche und fast nicht auf Widerstand stoßende Ausschaltung der Monarchisten bleibt trotz allem schwer erklärlich. Als Faktoren sind neben den Täuschungen und Selbsttäuschungen auch die persönlichen Unge-

schicklichkeiten Papens und Hugenbergs und nicht zuletzt die Angst vor dem Terror zu berücksichtigen. Im übrigen kann man den Vorgang noch immer kaum besser illustrieren als mit dem bekannten Limerick, an den Alan Bullock, Hitler (1952), Kap. V, erinnerte:

»There was a young lady of Riga
Who smiled as she rode on a tiger.
They returned from the ride
With the lady inside,
And a smile on the face of the tiger.«

33 Der am 5. März 1933 gewählte Reichstag, der nach der Verabschiedung des Ermächtigungsgesetzes nur noch einmal am 17. Mai zur Entgegennahme und Billigung einer Regierungserklärung zur Außenpolitik zusammengetreten war, war am 14. Oktober 1933 aufgelöst worden, um, wie es in der Verordnung des Reichspräsidenten hieß, »dem deutschen Volk Gelegenheit zu bieten, selbst zu den gegenwärtigen Schicksalsfragen der Nation Stellung zu nehmen und seiner Verbundenheit mit der Reichsregierung Ausdruck zu geben«. Der neue Reichstag trat sechsmal zusammen (am 30. Januar 1934 zum Jahrestag der Machtübernahme, am 13. Juli 1934 nach der Röhm-Affäre, am 6. August 1934 nach Hindenburgs Tod, am 21. Mai 1935 zur Einführung der Wehrpflicht, am 15. September 1935 in Nürnberg und am 7. März 1936 nach der Besetzung des Rheinlandes) und verabschiedete zweimal Gesetze, am 30. Januar 1934 das Gesetz über den Neuaufbau des Reiches und am 15. September 1935 die Nürnberger Rassegesetze. Nach der vorzeitigen Auflösung am 7. März 1936 fanden am 29. März 1936 Neuwahlen statt. Dieser Reichstag trat dreimal zusammen (am 30. Januar 1937 zum Jahrestag der Machtübernahme, am 20. Februar 1938 wiederum zum Jahrestag, aber wegen der Blomberg-Fritsch-Krise verspätet und am 18. März 1938 nach dem Anschluß Österreichs) und verabschiedete ein einziges Gesetz, nämlich die Verlängerung des Ermächtigungsgesetzes am 30. Januar 1937. Nach der Auflösung am 18. März 1938 fanden am 10. April 1938 Neuwahlen statt. Der neue Großdeutsche Reichstag trat erst neun Monate später, am 30. Januar 1939 (zum Jahrestag der Machtübernahme), zusammen und tagte dann noch sechsmal (am 1. September 1939 zum Kriegsbeginn, am 6. Oktober 1939 nach dem Polenfeldzug, am 19. Juli 1940 nach dem Frankreichfeldzug, am 4. Mai 1941 nach dem Balkanfeldzug, am 11. Dezember 1941 zur Kriegserklärung an die USA und am 26. April 1942 nach dem ersten Rußlandfeldzug). Er verabschiedete zwei Gesetze, nämlich am 30. Januar 1939 die Verlängerung des Ermächtigungsgesetzes und

am 1. September 1939 das Gesetz über die Eingliederung Danzigs. In der überhaupt letzten Sitzung vom 26. April 1942 bestätigte er »die vom Führer in seiner Rede in Anspruch genommenen Rechte«, nämlich »alles zu tun, was zur Erringung des Sieges dient oder dazu beiträgt [...] – ohne an bestehende Rechtsvorschriften gebunden zu sein«.

34 Das war eine offenkundige Verletzung des Ermächtigungsgesetzes und stand auch in Widerspruch zu Hitlers Regierungserklärung vom 23. März 1933: »Es ist weder die Existenz des Reichstages noch die des Reichsrats bedroht.« Domarus, a.a.O., S. 237.

35 Zitiert nach Klaus-Jürgen Müller, Das Heer und Hitler (1969) S. 67.

36 Sehr treffend betont und begründet bei Müller, a.a.O. S. 88.

37 Schon bei seiner ersten Begegnung mit den Befehlshabern der Reichswehr am 3. Februar 1933 sprach Hitler von »Eroberung neuen Lebensraumes im Osten« und fügte hinzu: »Anders wie in Italien keine Verquickung v. Heer u. SA beabsichtigt.« Aufzeichnung des Generalleutnants Liebmann, in: Thilo Vogelsang, Neue Dokumente zur Geschichte der Reichswehr 1930–1933, in: Vierteljahrshefte für Zeitgeschichte 2 (1954) S. 435. Ähnlich sagte er vor den Spitzen von SA und Reichswehr am 28. Februar 1934, eine Miliz sei für seine Pläne ungeeignet, und fügte hinzu, die »neue Armee müsse nach fünf Jahren für jede Verteidigung, nach acht Jahren auch für den Angriff geeignet sein«. Aufzeichnung des Generals Maximilian Frhr. v. Weichs, in: Müller, a.a.O. S. 98f. Näheres dazu im folgenden Kapitel.

38 Verfasser der Rede und intellektueller Anführer dieser Opposition war Papens enger Mitarbeiter Edgar Jung, der am 1. Juli 1934 ermordet wurde. Vgl. Karl Martin Graß, Edgar Jung, Papenkreis und Röhmkrise 1933/34 (1966), sowie Edmund Forschbach, Edgar J. Jung (1984), dort S. 153ff. Abdruck der Marburger Rede.

39 So mit guter Begründung Wolfgang Sauer, in: Bracher, a.a.O. S. 934f.

40 Nämlich zehn von 29 höheren SA-Führern. Insgesamt wurden etwa 85 Personen ermordet. Graß, a.a.O. S. 292f., und Heinrich Bennecke, Die Reichswehr und der »Röhm-Putsch« (1964), dort S. 87f. die amtliche (und fast zutreffende) Totenliste.

41 Die Eidesformel, zunächst in einer Anordnung des Reichswehrministers vom 2. August 1934, dann im »Gesetz über die Vereidigung der Beamten und der Soldaten der Wehrmacht« vom 20. August 1934 festgelegt, lautete: »Ich schwöre bei Gott diesen heiligen Eid, daß ich dem Führer des Deutschen Reiches und Volkes Adolf Hitler, dem Oberbefehlshaber [seit 20. Juli 1935: Obersten Befehlshaber; Reichsge-

setzblatt 1935 I S. 1035] der Wehrmacht, unbedingten Gehorsam leisten und als tapferer Soldat bereit sein will, jederzeit für diesen Eid mein Leben einzusetzen.« Der Diensteid der Beamten lautete: »Ich schwöre: Ich werde dem Führer des Deutschen Reiches und Volkes Adolf Hitler treu und gehorsam sein, die Gesetze beachten und meine Amtspflichten gewissenhaft erfüllen, so wahr mir Gott helfe.« Regierung Hitler S. 1385 und Reichsgesetzblatt 1934 I S. 785. Die Berufung auf den Monarchen war insofern falsch, als dieser sowohl im preußischen Fahneneid von 1831 wie in den Reichsverordnungen von 1871 nie namentlich genannt worden war, der Eid also einer Institution und keiner Person gegolten hatte. 1919 war an die Stelle des Eides gegenüber dem Staatsoberhaupt der Eid auf Treue der Verfassung getreten. Huber, a.a.O. Bd. III (1963) S. 76 und 1014f. sowie Bd. VI (1981) S. 512ff. Dieser Verfassungseid war für die Soldaten schon am 2. Dezember 1933 durch einen Eid auf Volk und Vaterland ersetzt worden. Regierung Hitler S. 986 und Reichsgesetzblatt 1933 I S. 1017. Der persönliche Eid auf Hitler war demnach ganz neuartig und seine Anordnung durch den Reichswehrminister gesetzwidrig. Vgl. Müller, a.a.O. S. 134ff.

42 »Gesetz über die Nachfolge des Führers und Reichskanzlers«, verabschiedet in einer Ministerbesprechung vom 13. Dezember 1934: »Bis zur Schaffung einer neuen Verfassung des Deutschen Reichs bestimmt der Führer und Reichskanzler für den Fall seines Todes oder sonstiger Erledigung der in seiner Person vereinigten Ämter des Reichspräsidenten und Reichskanzlers seinen Nachfolger.« Aufgrund dieses Gesetzes bestimmte Hitler durch Urkunde vom 19. Dezember 1934 Göring zu seinem Nachfolger. Regierung Hitler S. 1385 Anm. 4. Merkwürdigerweise blieben das Gesetz und sein Vollzug geheim und wurden erst 1983 durch die eben genannte Veröffentlichung bekannt. So schrieb Ernst Rudolf Huber, Verfassungsrecht des Großdeutschen Reiches (1939) S. 222: »Neue Vorschriften über die künftige Berufung des Führers sind bisher nicht gesetzlich festgelegt worden.« So äußerte auch ich mich, Hitlers Weltanschauung (1981) S. 87: »Nicht einmal die Kontinuität dieses Staates, die Nachfolgefrage – das Kernstück jeder Verfassung –, wurde je gesetzlich geregelt.« – Am 12. März 1938 wurde öffentlich bekanntgemacht, Hitler habe Göring für die Zeit seiner Abwesenheit (in Österreich) »mit seiner Vertretung beauftragt«. Am 1. September 1939 sagte Hitler im Reichstag: »Sollte mir in diesem Kampf etwas zustoßen, dann ist mein erster Nachfolger Parteigenosse Göring. Sollte Parteigenossen Göring etwas zustoßen, ist sein Nachfol-

ger Parteigenosse [Rudolf] Heß. [...] Für den Fall, daß auch Parteigenosse Heß etwas zustoßen sollte, werde ich durch Gesetz nunmehr den Senat berufen, der dann den Würdigsten, d. h. den Tapfersten aus seiner Mitte wählen soll.« Hitler berief den Senat jedoch nie. Am 29. Juni 1941 bestimmte er in einem geheimen Erlaß wiederum Göring zu seinem Nachfolger, vermutlich um Heß von der Nachfolge auszuschließen, der am 10. Mai nach Britannien geflogen war. Am 29. April 1945 stieß Hitler in seinem politischen Testament Göring aus der Partei aus, entzog »ihm alle Rechte, die sich aus dem Erlaß vom 29. Juni 1941 sowie aus meiner Reichstagserklärung vom 1. September 1939 ergeben könnten«, verschwieg also noch immer das Gesetz vom 13. Dezember 1934 und ernannte Großadmiral Dönitz zum Reichspräsidenten, Goebbels zum Reichskanzler und 17 weitere Personen zu Reichsministern. Damit verstieß er gegen das Gesetz vom 1. August 1934 über die Vereinigung der Ämter des Reichspräsidenten und des Reichskanzlers und erklärte, indem er den früheren Zustand wiederherstellte, seine Herrschaft zur einmaligen Ausnahme.

43 Erlaß über die Führung der Wehrmacht, in: Domarus, a.a.O. S. 782. Zu den Intrigen um Blomberg und Fritsch vgl. Müller, a.a.O. S. 255ff., und Harold C. Deutsch, Das Komplott (1974).

44 Ich verweise noch einmal darauf, daß diese Herrschaftsform weithin dem von Marx und Engels beschriebenen Typus des Bonapartismus und auch dem von Max Weber beschriebenen Typus der charismatischen Herrschaft entspricht. Siehe oben Anm. 2 und die Anm. 19 zum 1. Kapitel.

45 Vgl. Peter Hüttenberger, Die Gauleiter (1969) S. 204.

46 Nach dem Rücktritt Hugenbergs fanden im zweiten Halbjahr 1933 noch 20 Kabinettssitzungen und Ministerbesprechungen statt, im ganzen Jahr 1934 19, 1935 zwölf, 1936 vier, 1937 sechs, 1938 fand noch eine Sitzung statt. Regierung Hitler S. LVIIff. und VIII. Vgl. Lothar Gruchmann, Die »Reichsregierung« im Führerstaat, in: Festschrift für Ernst Fraenkel (1973) S. 187ff.

47 Regierung Hitler S. XXI Anm. 24.

48 Domarus, a.a.O. S. 525. Mit »Bewegung« war die Partei gemeint.

49 Hans Buchheim, Die SS – das Herrschaftsinstrument, in: Ders. u. a. (Hg.), Anatomie des SS-Staates, Bd. I (1965) S. 38ff.

50 A.a.O. S. 191f.; George H. Stein, Geschichte der Waffen-SS (1967) S. 4f.; Bernd Wegner, Hitlers Politische Soldaten: Die Waffen-SS 1933–1945 (1982) S. 82f.; Regierung Hitler S. 1112ff.

51 Buchheim, a.a.O. S. 192f.; vgl. Broszat, a.a.O.

52 Daraus und aus den SS-Totenkopfverbänden wurde im Zweiten Weltkrieg die Waffen-SS.

53 Buchheim, a.a.O. S. 201.

54 Ernst Fraenkel, The Dual State (1941), dt. Der Doppelstaat (1974), unterschied den »Maßnahmenstaat«, das durch keinerlei rechtliche Garantien eingeschränkte Herrschaftssystem der unbeschränkten Willkür und Gewalt, vom »Normenstaat«, das mit weitgehenden Herrschaftsbefugnissen zwecks Aufrechterhaltung der Rechtsordnung ausgestattete Regierungssystem (a.a.O. S. 21), und fügte hinzu, die beiden seien »keine komplementären Gewalten, sondern konkurrierende Herrschaftssysteme« (a.a.O. S. 75).

55 Das ist der Kernpunkt einer seit 15 Jahren anhaltenden wissenschaftlichen Kontroverse. Man kann sie zugespitzt so zusammenfassen, daß eine ältere Schule Hitlers Macht als nahezu oder vollständig unbeschränkt ansah und seine Entscheidungen daher aus seinen Absichten ableiten zu können glaubte, während eine andere Schule, als deren Hauptvertreter Martin Broszat und Hans Mommsen genannt seien, die polykratischen Strukturen als stärker ansieht und folglich Hitlers Entscheidungsgewalt geringer einschätzt. Gelegentlich werden die Vertreter der beiden Schulen daher als Intentionalisten oder gar Programmologen und als Funktionalisten oder Strukturalisten bezeichnet. Nach der einen Auffassung traf Hitler alle wichtigeren Entscheidungen selbst und setzte sie planmäßig in die Tat um, nach der anderen ergaben sie sich aus den Bedingungen oder wurden ihm sogar von diesen aufgezwungen. Aus der sehr umfangreichen Literatur nenne ich nur das grundlegende Werk von Martin Broszat, Der Staat Hitlers (1969), und die Beiträge von Tim Mason, Hans Mommsen und Klaus Hildebrand zu einer Tagung, auf der die Kontroverse diskutiert wurde, in: Gerhard Hirschfeld und Lothar Kettenacker (Hg.), Der »Führerstaat«: Mythos und Realität (1981).

56 Dies habe ich ausführlich dargelegt und begründet in: Hitlers Weltanschauung (1981).

3. Kapitel
Der Weg in den Krieg

1 Dieser Absatz und die beiden folgenden Absätze sind eine Zusammenfassung des 2. Kapitels von: Hitlers Weltanschauung (1981) S. 29 ff.

2 Aufzeichnung des Generalleutnants Liebmann, in: Thilo Vogelsang, Neue Dokumente zur Geschichte der Reichswehr 1930–1933, in: Vierteljahrshefte für Zeitgeschichte 2 (1954) S. 434 f. Ich habe die stichwortartigen Notizen in indirekte Rede übertragen, aber kein Wort geändert oder hinzugefügt. Übrigens erwähnte Hitler in der Rede auch seine Furcht vor einem Eingreifen Frankreichs: »Gefährlichste Zeit ist die des Aufbaus der Wehrmacht. Da wird sich zeigen, ob Fr[ankreich] Staatsmänner hat; wenn ja, wird es uns Zeit nicht lassen, sondern über uns herfallen (vermutlich mit Ost-Trabanten).« Vgl. zur Rede auch Wolfgang Sauer, in: Karl Dietrich Bracher u. a., Die nationalsozialistische Machtergreifung (1960) S. 710 f., 718 ff. und 735.

3 Er flog nach seiner Rede, der ein Abendessen vorausgegangen war, noch in der Nacht von Berlin nach München. Vogelsang, a.a.O. S. 434.

4 Karl-Heinz Minuth (Hg.), Die Regierung Hitler (1983) S. 633.

5 Aufzeichnung des Generals Maximilian Frhr. v. Weichs, in: Klaus-Jürgen Müller, Das Heer und Hitler (1969) S. 98 f.

6 Zitiert nach Hans Günter Hockerts, Die Goebbels-Tagebücher 1932–1941, in: Festschrift für Konrad Repgen (1983) S. 362.

7 Ebd.

8 Hermann Hammer, Die deutschen Ausgaben von Hitlers »Mein Kampf«, in: Vierteljahrshefte für Zeitgeschichte 4 (1956) S. 161 ff. Die einzige Änderung von inhaltlicher Bedeutung betraf das Prinzip der Wahl. In den Auflagen bis 1928 hieß es: »Die Bewegung vertritt im kleinsten wie im größten den Grundsatz einer germanischen Demokratie: Wahl des Führers, aber unbedingte Autorität desselben.« In den Auflagen seit 1930 lautete dieser Satz: »Die Bewegung vertritt im kleinsten wie im größten den Grundsatz der unbedingten Führerautorität, gepaart mit höchster Verantwortung.« Entsprechend hieß es bis 1928, der erste Vorsitzende einer Ortsgruppe werde »gewählt«, und seit 1930, er werde »durch den nächsthöheren Führer eingesetzt«. A.a.O. S. 171. Vgl. dazu oben Anm. 20 zum 1. Kapitel.

9 Interview mit Bertrand de Jouvenel vom 21. Februar 1936, zitiert nach Eberhard Jäckel, Frankreich in Hitlers Europa (1966) S. 26 f.

10 Max Domarus (Hg.), Hitler. Reden und Proklamationen 1932–1945 (1962 und 1963) S. 584.

11 Zitiert nach *The Times* (London) vom 15. September 1936, in: Jäckel, a.a.O. S. 25. Der parteiamtliche *Völkische Beobachter* vom 14. September 1936 gab den Satz so wieder: »Wenn der Ural mit seinen unermeßlichen Bodenschätzen, Sibirien mit seinen reichen Wäldern und die Ukraine mit ihren unermeßlichen Getreideflächen in Deutschland lägen, würde dies unter nationalsozialistischer Führung im Überfluß schwimmen.« Die absurde Hypothese, die Hitler hier aufgestellt haben soll, und die Erwähnung Sibiriens, das er nicht erobern wollte, erlauben den Schluß, daß der Wortlaut nachträglich verändert wurde, möglicherweise von Hitler selbst.

12 Akten zur deutschen auswärtigen Politik 1918–1945, Serie D (1937–1945) [im folgenden zitiert als ADAP], Bd. I (1950) S. 25ff.

13 A.a.O. S. 132f.

14 Müller, a.a.O. S. 300.

15 ADAP Bd. II (1950) S. 282.

16 A.a.O. S. 283. In diesem Zusammenhang verkündete Hitler sein Blitzkriegskonzept, das darin bestand, durch die blitzartige Schnelligkeit der Feldzüge die Intervention anderer Staaten gewissermaßen zu unterlaufen: »Für den Waffenkrieg kommt es darauf an, das Moment der Überraschung als wichtigsten Faktor des Sieges durch entsprechende Bereitschaftsmaßnahmen schon im Frieden und durch einen unerwartet schnellen Ablauf der Aktion in höchstem Maße auszunutzen. Dadurch muß schon in den ersten 2 bis 3 Tagen eine Lage geschaffen werden, die interventionslüsternen gegnerischen Staaten die Aussichtslosigkeit der tschechischen militärischen Lage vor Augen führt [...]. Werden in den ersten Tagen greifbare Erfolge durch die Erdoperationen nicht erzielt, so tritt mit Sicherheit eine europäische Krise ein.«

17 Vgl. Klaus-Jürgen Müller, General Ludwig Beck (1980).

18 Denkschrift vom 29. Mai 1938, a.a.O. S. 521.

19 Denkschrift vom 16. Juli 1938, a.a.O. S. 543f.

20 Allerdings mit unterschiedlicher Entschlossenheit. Vgl. Müller, Heer, a.a.O. S. 300ff., und Müller, Beck, a.a.O. S. 272ff.

21 Beck war freilich lange der (irrigen) Ansicht, Hitler stehe in dieser Frage unter dem Einfluß oder Druck von radikalen SS-Kreisen und könne von ihnen mit Hilfe der Wehrmacht ebenso befreit werden wie von der SA im Sommer 1934, so daß die Auseinandersetzung um die Kriegspolitik zugleich zu einer Reform des Systems führen würde, die Hitlers Machtstellung gewissermaßen gereinigt bestätigt hätte. Vgl. Müller, Heer, a.a.O. S. 322ff.

22 Die Versammlungen fanden am 10. und am 15. August statt; a.a.O. S. 338.

23 Am 17. August unterzeichnete er den schon oben S. 62 zitierten grundlegenden Erlaß. Dazu war bereits am 3. Juni ein Entwurf angefertigt worden, den Himmler am 10. Juni geändert hatte. Vgl. Bernd Wegner, Hitlers Politische Soldaten: Die Waffen-SS 1933–1945 (1982) S. 114ff.

24 Müller, Heer, a.a.O. S. 362.

25 Alfred Jodl vom OKW schrieb am 29. September 1938 in sein Tagebuch: »Das Genie des Führers u. seine Entschlossenheit auch einen Weltkrieg nicht zu scheuen haben erneut u. ohne Gewaltanwendung den Sieg davon getragen«. Schon am 13. September hatte er sich notiert: Die Generale »können nicht mehr glauben u[nd] nicht mehr gehorchen, weil sie das Genie des Führers nicht anerkennen in dem sie z. Teil sicher noch den Gefreiten des Weltkriegs sehen aber nicht den größten Staatsmann seit Bismarck.« Nürnberger Dokument PS-1780, in: Der Prozeß gegen die Hauptkriegsverbrecher vor dem Internationalen Militärgerichtshof [im folgenden zitiert als IMT], Bd. XXVIII (1948) S. 389 und 379.

26 Wilhelm Treue (Hg.), Rede Hitlers vor der deutschen Presse (10. November 1938), in: Vierteljahrshefte für Zeitgeschichte 6 (1958) S. 182.

27 Nürnberger Dokumente C–136 und C–138, in: IMT Bd. XXXIV (1949) S. 480 und 484.

28 Gerhard L. Weinberg, The Foreign Policy of Hitler's Germany: Starting World War II, 1937–1939 (1980) S. 621f.; Klaus Hildebrand, Deutsche Außenpolitik 1933–1945 (4. Aufl. 1980) S. 92.

29 Vgl. Martin Broszat, Nationalsozialistische Polenpolitik 1939–1945 (1961).

30 Vgl. Müller, Heer, a.a.O. S. 471ff., und Harold C. Deutsch, Verschwörung gegen den Krieg (1969).

31 Brief von Eduard Wagner an seine Frau, in: Elisabeth Wagner (Hg.), Der Generalquartiermeister (1963) S. 183. Wagner war an den Staatsstreichplanungen vom Winter 1939/40 beteiligt gewesen und beteiligte sich 1944 wieder daran; er erschoß sich am 23. Juli 1944.

32 Zitiert nach Andreas Hillgruber, Hitlers Strategie. Politik und Kriegführung 1940–1941 (2. Aufl. 1982) S. 145. Dieses Buch ist die ausführlichste Darlegung der politischen und strategischen Überlegungen vom Juni 1940 bis zum Juni 1941.

33 Generaloberst Halder, Kriegstagebuch, Bd. I (1962) S. 375. Diese täglichen Aufzeichnungen des Heeresgeneralstabschefs sind eine der

wichtigsten Quellen für unsere Kenntnis der Überlegungen Hitlers 1940/41.

34 So Hillgruber, a.a.O. S. 157.

35 Nürnberger Dokument PS-1776, in: IMT Bd. XXVIII (1948) S. 301ff.

36 In der Vorlage: »ist«.

37 Halder, a.a.O. S. 18. Gemeint war die britisch-russische Verständigung vor dem Ersten Weltkrieg, die allerdings nicht 1908, sondern 1907 einsetzte.

38 A.a.O. S. 21.

39 A.a.O. S. 30ff.

40 Hillgruber, a.a.O. S. 222.

41 Halder, a.a.O. S. 49f.

42 A.a.O. S. 46. Halders Eintragung fuhr fort: »Unter dieser Voraussetzung [Freundschaft mit Rußland] könnten wir den Engländer im Mittelmeer entscheidend treffen, von Asien abdrängen, dem Italiener sein Mittelmeerreich aufbauen helfen und uns selbst mit Hilfe Rußlands das in West- und Nord-Europa geschaffene Reich ausbauen. Wir können dann einen jahrelangen Krieg mit England getrost in Kauf nehmen.« Es gibt keinen Hinweis, daß Brauchitsch oder Halder diese Gedanken am nächsten Tage Hitler vortrugen. In der knapp zweistündigen Besprechung scheint außer ihm selbst überhaupt nur Raeder als Berichterstatter zu Wort gekommen zu sein.

43 Hillgruber, a.a.O. S. 221. Raeder hatte auch an der Besprechung vom 21. Juli teilgenommen und scheint danach diese Denkschrift in Auftrag gegeben zu haben.

44 A.a.O. S. 231.

45 Ich folge hier weithin meinem eigenen Aufsatz, Die deutsche Kriegserklärung an die Vereinigten Staaten von 1941, in: Festschrift für Wilhelm G. Grewe (1981) S. 119.

46 Vgl. Hillgruber, a.a.O. S. 239ff.

47 Vgl. Charles B. Burdick, Germany's Military Strategy and Spain in World War II (1968), und Donald S. Detwiler, Hitler, Franco und Gibraltar (1962).

48 Kriegstagebuch des Oberkommandos der Wehrmacht [im folgenden zitiert als KTB/OKW], Bd. I (1965) S. 328.

49 Der Entwurf eines Abkommens zwischen den Staaten des Dreimächtepakts und der Sowjetunion war schon vorbereitet, und Ribbentrop trug ihn Molotow am 13. November 1940 vor; ADAP, Bd. XI.1 (1964) S. 428ff. und 472ff. Ribbentrops Haltung ist leider noch ungenügend erforscht.

50 Hillgruber, a.a.O. S. 353f.
51 Weisung Nr. 18, in: Walther Hubatsch (Hg.), Hitlers Weisungen für die Kriegführung 1939–1945 (1962) S. 71.
52 Zitiert nach Hillgruber, a.a.O. S. 355.
53 Siehe oben S. 79.
54 Hildegard von Kotze (Hg.), Heeresadjutant bei Hitler 1938–1943. Aufzeichnungen des Majors Engel (1974) S. 91, und Hillgruber, a.a.O. S. 358. Die Vorbereitungen zum Bau waren bereits eingeleitet; vgl. Halder, a.a.O. S. 121.
55 KTB/OKW, Bd. I S. 233.
56 Weisung Nr. 21 (Fall Barbarossa), in: Hubatsch, a.a.O. S. 84.
57 KTB/OKW, Bd. I S. 255ff.
58 Eine weitere Bestätigung dafür, daß Hitler an seinen alten Zielvorstellungen festhielt, ergibt sich natürlich aus ihrer tatsächlichen Verwirklichung, die hier nicht mehr geschildert wird. Vgl. Alexander Dallin, Deutsche Herrschaft in Rußland 1941–1945 (1958). Hitler betrieb diese Verwirklichung mit zahlreichen Weisungen und begleitete sie ständig mit entsprechenden Bemerkungen. Zitiert seien nur noch einige Sätze Hitlers aus einem Aktenvermerk Bormanns über eine Besprechung vom 16. Juli 1941 (Nürnberger Dokument L-221, in: IMT, Bd. XXXVIII S. 86ff.): »Wesentlich sei es nun, daß wir unsere Zielsetzung nicht vor der ganzen Welt bekanntgäben; dies sei auch nicht notwendig, sondern die Hauptsache sei, daß wir selbst wüßten, was wir wollten. [...] Wir werden also wieder betonen, daß wir gezwungen waren, ein Gebiet zu besetzen, zu ordnen und zu sichern; im Interesse der Landeseinwohner müßten wir für Ruhe, Ernährung, Verkehr usw. usw. sorgen; deshalb unsere Regelung. Es soll also nicht erkennbar sein, daß sich damit eine endgültige Regelung anbahnt! Alle notwendigen Maßnahmen – Erschießen, Aussiedeln etc. – tun wir trotzdem und können wir trotzdem tun. [...] Wir tun also lediglich so, als ob wir ein Mandat ausüben wollten. Uns muß aber dabei klar sein, daß wir aus diesen Gebieten nie wieder herauskommen. [...] Die Russen haben jetzt einen Befehl zum Partisanen-Krieg hinter unserer Front gegeben. Dieser Partisanenkrieg hat auch wieder seinen Vorteil: er gibt uns die Möglichkeit, auszurotten, was sich gegen uns stellt. [...] Aus den neugewonnenen Ostgebieten müssen wir einen Garten Eden machen; sie sind für uns lebenswichtig; Kolonien spielen dagegen eine ganz untergeordnete Rolle.« Dabei nannte Hitler auch die Gebiete, die deutsches Reichsgebiet werden müßten, nämlich (in der Reihenfolge, in der er sie im Laufe der fünfstündigen Besprechung nannte) die Krim, die »von allen Fremden

[sic!] geräumt und deutsch besiedelt werden« müsse, das alt-österreichische Galizien, das gesamte Balten-Land, die Wolga-Kolonie, das Gebiet um Baku und die Halbinsel Kola. Zu den weiteren Planungen vgl. auch Helmut Heiber, Der Generalplan Ost, in: Vierteljahrshefte für Zeitgeschichte 6 (1958) S. 281 ff. und 8 (1960) S. 119.

4. Kapitel
Der Weg zum Mord an den Juden

1 Eberhard Jäckel zusammen mit Axel Kuhn (Hg.), Hitler. Sämtliche Aufzeichnungen 1905–1924 [im folgenden zitiert als Hitler, Aufzeichnungen] (1980) S. 89f.

2 Dieser Absatz und die beiden folgenden Absätze sind eine Zusammenfassung des 3. Kapitels meines Buches: Hitlers Weltanschauung (1981) S. 55ff.

3 Adolf Hitler, Mein Kampf, Bd. II (1927), in den einbändigen Ausgaben S. 738.

4 A.a.O. S. 772.

5 Hitler, Aufzeichnungen S. 280.

6 Adolf Hitler, Mein Kampf, Bd. I (1925), in den einbändigen Ausgaben S. 359, vgl. auch S. 310.

7 Eine derartige Aussage ist eine Behauptung bis zum Beweise des Gegenteils, den ich bisher nicht gefunden habe. Vgl. etwa Alex Bein, Die Judenfrage (1980), oder Hermann Greive, Geschichte des modernen Antisemitismus in Deutschland (1983). Am nächsten kommt ein auf dem Hamburger Parteitag der Deutsch-sozialen Reformpartei am 11. September 1889 gefaßter Beschluß: »Dank der Entwickelung unserer modernen Verkehrsmittel dürfte die Judenfrage im Laufe des 20. Jahrhunderts zur Weltfrage werden und als solche von den anderen Völkern gemeinsam und endgültig durch völlige Absonderung und (wenn die Notwehr es gebietet) schließliche Vernichtung des Judenvolkes gelöst werden.« In: Schulthess' Europäischer Geschichtskalender (1900) S. 142. Vgl. Thomas Nipperdey und Reinhard Rürup, Antisemitismus, in: Otto Brunner u. a. (Hg.), Geschichtliche Grundbegriffe, Bd. I (1972) S. 129ff., sowie Richard S. Levy, The Downfall of the Anti-Semitic Political Parties in Imperial Germany (1975).

8 Gerhard L. Weinberg (Hg.), Hitlers Zweites Buch. Ein Dokument aus dem Jahr 1928 (1961).

9 Dieser Absatz ist eine Zusammenfassung des 5. Kapitels von: Hitlers Weltanschauung (1981) S. 97ff.

10 Ich folge in diesem Absatz der Darlegung von Rudolph Binion, »Der Jude ist weg«. Machtpolitische Auswirkungen des Hitlerschen Rassengedankens, in: Josef Becker und Andreas Hillgruber (Hg.), Die Deutsche Frage im 19. und 20. Jahrhundert (1983) S. 347ff.

11 Hitler, Aufzeichnungen S. 89f., 119, 128 und 175f.

12 Joseph Goebbels, Vom Kaiserhof zur Reichskanzlei (1934) S. 288ff. Im Aufruf der NSDAP vom 28. März 1933 wurde »zur praktischen planmäßigen Durchführung des Boykotts« aufgefordert, und in einer Ministerbesprechung vom 29. erklärte Hitler, der Boykott »müsse natürlich straff in den Händen der nationalsozialistischen Partei bleiben«. Karl-Heinz Minuth (Hg.), Die Regierung Hitler (1983) S. 271; vgl. auch S. 276f. Gute Darstellung bei Eliahu Ben Elissar, La diplomatie du IIIe Reich et les Juifs (1933–1939) (1969) S. 24ff.

13 Zu diesem Vorgang, der hier nicht geschildert wird, vgl. Raul Hilberg, The Destruction of the European Jews (1961, erweiterte Neuausgabe in 3 Bänden 1984), deutsche Übersetzung: Die Vernichtung der europäischen Juden (1982); Uwe Dietrich Adam, Judenpolitik im Dritten Reich (1972); Joseph Walk (Hg.), Das Sonderrecht für die Juden im NS-Staat (1981).

14 Freilich wurde die Auswanderung zugleich auch immer wieder, vor allem durch finanzielle Auflagen, erschwert.

15 Akten zur deutschen auswärtigen Politik 1918–1945, Serie D (1937–1945) [im folgenden zitiert als ADAP], Bd. V (1953) Nr. 84, 88, 89, 91, 92, 95, 97, 98, 101, 103, 107, 127, 652, 664 und 665.

16 Helmut Heiber, Der Fall Grünspan, in: Vierteljahrshefte für Zeitgeschichte 5 (1957) S. 134ff.

17 Er erwähnte ihn weder in seiner Rede vom 8. November zum Jahrestag des Putsches von 1923 noch in derjenigen vom 10. November vor der deutschen Presse. Siehe Max Domarus (Hg.), Hitler. Reden und Proklamationen 1932–1945 (1962 und 1963) S. 966ff., und Wilhelm Treue (Hg.), Rede Hitlers vor der deutschen Presse (10. November 1938), in: Vierteljahrshefte für Zeitgeschichte 6 (1958) S. 181ff.

18 Hermann Graml, Der 9. November 1938. »Reichskristallnacht« (1953).

19 Nicht zuletzt wegen seiner Liebesaffäre mit der tschechischen Filmschauspielerin Lida Baarova und einer sich daraus ergebenden Ehekrise, die Hitler scharf mißbilligte. Vgl. Helmut Heiber, Joseph Goebbels (1962), 14. Kapitel.

20 Das muß am 10. November gewesen sein. Vgl. Görings Aussage vom 14. März 1946, in: Der Prozeß gegen die Hauptkriegsverbrecher vor dem Internationalen Militärgerichtshof [im folgenden zitiert als IMT], Bd. IX (1947) S. 312ff.

21 Stenographische Niederschrift, Nürnberger Dokument PS-1816, in: IMT Bd. XXVIII (1948) S. 500.

22 Nürnberger Dokument NG-2586, in: Helmut Krausnick, Judenverfolgung, in: Hans Buchheim u. a. (Hg.), Anatomie des SS-Staates, Bd. II (1965) S. 342f.

23 Wie Anm. 21, S. 538f.

24 ADAP Bd. IV (1951) S. 293.

25 Zitiert nach H. G. Adler, Der verwaltete Mensch. Studien zur Deportation der Juden aus Deutschland (1974) S. 61.

26 ADAP Bd. IV (1951) S. 170.

27 Stenographische Berichte des Reichstags (1939) S. 16.

28 Siehe oben S. 89. In einem Gespräch zu Anfang Juni 1931 soll Hitler gesagt haben: »Sollte es trotz unseres gerechten Vorgehens zu kriegerischen Auseinandersetzungen kommen, weil das Weltjudentum noch einmal das Rad der Geschichte zurückdrehen möchte, dann wird es von diesem Rad zermalmt.« Edouard Calic, Ohne Maske (1968) S. 94f. Die Quelle ist zweifelhaft, aber der Gedankengang stimmt exakt überein mit Hitlers Äußerung zu Göring vom November 1938 und mit seiner Ankündigung vom 30. Januar 1939. Im Nürnberger Ärzteprozeß sagte Hitlers Begleitarzt Karl Brandt aus, er müsse »annehmen, daß der Führer der Meinung war, daß ein solches Problem [die Tötung Geisteskranker] im Krieg zunächst glatter und leichter durchzuführen ist«, und er fügte hinzu: »Er [Hitler] soll auch 1935 dem früheren Reichsärzteführer Wagner gegenüber geäußert haben, daß, wenn ein Krieg sein sollte, er diese Euthanasiefragen aufgreifen und durchführen wolle.« Zitiert nach Alice Platen-Hallermund, Die Tötung Geisteskranker in Deutschland (1948) S. 22f. Wagner hatte am 12. September 1935 auf dem Reichsparteitag einen Vortrag über Bevölkerungs- und Rassenpolitik gehalten, in: Der Parteitag der Freiheit (1935) S. 90ff. Für Hitler hing die Tötung von Juden, Geisteskranken, Zigeunern und anderen rassenpolitisch Unerwünschten eng zusammen. Schließlich sei noch zitiert (nach Adler, a.a.O. S. 60), was die Berliner Zeitschrift *Judenkenner* am 27. Oktober 1935 schrieb: »Wenn eine judenhörige fremde Armee Deutschlands Boden betreten wird, dann werden ihre Tritte über die Leichen getöteter Hebräer gehen.«

29 Bundesarchiv NS 11/28 Bl. 86ff., zitiert nach Jochen Thies, Architekt der Weltherrschaft (1976) S. 113ff.

30 Der Vorgang ist nicht mehr zuverlässig aufzuklären. Unsere Kenntnis beruht auf Aussagen des damaligen Majors Erwin Lahousen, eines Mitarbeiters des Chefs der Abwehr, Admiral Wilhelm Canaris, im Nürnberger Hauptkriegsverbrecherprozeß am 30. November und 1. Dezember 1945, in: IMT Bd. II (1947) S. 492ff. und Bd. III (1947) S. 30ff. Demnach trug Keitel Canaris auf, »in der galizischen Ukraine eine Aufstandsbewegung hervorzurufen, die die Ausrottung der Juden und Polen zum Ziele haben sollte«, und erklärte auf den Widerspruch von Canaris, »daß diese Dinge bereits vom Führer entschieden seien«. Ribbentrop habe zu Canaris gesagt, »es müsse der Aufstand oder die Aufstandsbewegung derart inszeniert werden, daß alle Gehöfte der Polen in Flammen aufgingen und alle Juden totgeschlagen würden«. Hitler wollte demnach diese Aufgabe der Abwehr übertragen und ließ wissen, »daß, wenn die Wehrmacht diese Dinge nicht durchführen wolle, beziehungsweise damit nicht einverstanden sei, sie es sich auch gefallen lassen müsse, wenn neben ihr SS, Sicherheitspolizei und dergleichen Organisationen in Erscheinung träten und diese Maßnahmen ausführen würden«. Keitel bestätigte am 4. April 1946 die Aussagen Lahousens oder widersprach ihnen doch nicht, in: IMT Bd. X (1947) S. 580f.; vgl. S. 670. Jodl bestätigte am 5. Juni 1946 nur, daß die Zusammenkunft [hier irrtümlich auf den 9. September 1939 datiert] Hitlers mit Keitel, Canaris und Lahousen sowie ihm selbst stattgefunden habe, in: IMT Bd. XV (1948) S. 409f., vgl. S. 479.

31 Helmut Krausnick/Hans-Heinrich Wilhelm, Die Truppe des Weltanschauungskrieges. Die Einsatzgruppen der Sicherheitspolizei und des SD 1938–1942 (1981) S. 32ff. Vgl. Helmut Krausnick, Hitler und die Morde in Polen, in: Vierteljahrshefte für Zeitgeschichte 11 (1963) S. 196ff.

32 Krausnick/Wilhelm, a.a.O. S. 53.

33 Werner Präg und Wolfgang Jacobmeyer (Hg.), Das Diensttagebuch des deutschen Generalgouverneurs in Polen 1939–1945 [im folgenden zitiert als Diensttagebuch Frank] (1975) S. 45; Martin Broszat, Nationalsozialistische Polenpolitik 1939–1945 (1961) S. 30f.

34 Nürnberger Dokument PS-630, in: IMT Bd. XXVI (1947) S. 169. Der Auftrag wurde auf den 1. September 1939, den Tag des Kriegsbeginns, datiert. Doch erfolgte die Unterzeichnung mit Sicherheit später, vielleicht sogar erst im Oktober. Vgl. Ernst Klee, »Euthanasie« im NS-Staat (1983) S. 100f.

35 Nürnberger Dokument PS-686, in: IMT Bd. XXVI (1947) S. 255 ff. Vgl. Robert F. Koehl, RKFDV: German Resettlement and Population Policy 1939–1945 (1957).

36 Vertrauliches Protokoll zum deutsch-sowjetischen Grenz- und Freundschaftsvertrag vom 28. September 1939, in: ADAP Bd. VIII (1961) S. 128.

37 Reichsgesetzblatt 1939 I S. 2107 f.; vgl. Krausnick/Wilhelm, a.a.O. S. 87.

38 Vermerk vom 27. September 1939, Bundesarchiv R 58 Nr. 825 Bl. 21 ff., in: Kurt Pätzold (Hg.), Verfolgung, Vertreibung, Vernichtung (1983) S. 239 f. [mit irrtümlicher Datierung]; vgl. Krausnick, Judenverfolgung, a.a.O. S. 351.

39 Schnellbrief vom 21. September 1939, Nürnberger Dokument PS-3363, in: Adler, a.a.O. S. 108, und Pätzold, a.a.O. S. 236 ff.; vgl. Krausnick, a.a.O. S. 351 f.

40 Hans-Günther Seraphim (Hg.), Das politische Tagebuch Alfred Rosenbergs 1934/35 und 1939/40 (1964) S. 99.

41 Diensttagebuch Frank, passim.

42 Adler, a.a.O. S. 125 ff.

43 Gerald Reitlinger, Die Endlösung (1956) S. 52, und Adler, a.a.O. S. 140.

44 Am 12. März 1940 zu Colin Ross, in: ADAP Bd. VIII (1961) S. 716.

45 Denkschrift Himmlers über die Behandlung der Fremdvölkischen im Osten (Mai 1940), in: Vierteljahrshefte für Zeitgeschichte 5 (1957) S. 197.

46 Krausnick, a.a.O. S. 355, und Robert M. W. Kempner, Eichmann und Komplizen (1961) S. 106 f.

47 Vgl. Eugene Hevesi, Hitler's Plan for Madagascar, in: Contemporary Jewish Record 4 (1941) S. 381 ff.; Philip Friedman, The Lublin Reservation and the Madagascar Plan, in: YIVO Annual of Jewish Social Science 8 (1953) S. 151 ff.; L. Yahil, Madagascar – Phantom of a Solution for the Jewish Question, in: Bela Vago/George L. Mosse (Hg.), Jews and Non-Jews in Eastern Europe 1918–1945 (1974) S. 315 ff.; Christopher R. Browning, The Final Solution and the German Foreign Office (1978).

48 Paul Schmidt, Statist auf diplomatischer Bühne 1923–45 (1952) S. 485.

49 Diensttagebuch Frank S. 252.

50 Der Hinweis findet sich in der niederländischen Ausgabe der Memoiren von Himmlers Masseur Felix Kersten, Klerk en Beul (1948) S. 198. Vgl. Krausnick, a.a.O. S. 360. Zur Zuverlässigkeit dieser Quelle:

Louis de Jong, Hat Felix Kersten das Niederländische Volk gerettet?, in: Hans-Heinrich Wilhelm und Louis de Jong, Zwei Legenden aus dem Dritten Reich (1974) S. 77ff.

51 Siehe oben S. 77ff.

52 Eberhard Jäckel, Frankreich in Hitlers Europa (1966) S. 81 und 128f.

53 Diensttagebuch Frank S. 283f.

54 A.a.O. S. 327.

55 Schreiben des Chefs der Reichskanzlei an Schirach vom 3. Dezember 1940, Nürnberger Dokument PS-1950, in: IMT Bd. XXIX (1948) S. 176.

56 Adler, a.a.O. S. 147ff.

57 Diensttagebuch Frank S. 332f. und 335ff.

58 Siehe oben S. 86f.

59 Kriegstagebuch des Oberkommandos der Wehrmacht [im folgenden zitiert als KTB/OKW], Bd. I (1965) S. 340.

60 Siehe oben S. 87f.

61 Domarus, a.a.O. S. 1663.

62 Aus dieser Zeit ist ein weiteres Gespräch Hitlers vom 2. Februar 1941 über die Judenfrage überliefert, an dem Keitel, Bormann, Robert Ley, Albert Speer und andere teilnahmen. In: Hildegard von Kotze (Hg.), Heeresadjutant bei Hitler 1938–1943. Aufzeichnungen des Majors Engel (1974) S. 94f. Demnach sagte Hitler: »Erstens würde der Krieg die Lösung dieser Frage beschleunigen, andererseits träten aber auch viele zusätzliche Schwierigkeiten auf. Habe ursprünglich nur in seiner Macht gelegen, die jüdische Macht höchstens in Deutschland zu brechen, müsse jetzt das Ziel sein, den jüdischen Einfluß im gesamten Machtbereich der Achse auszuschalten. [...] Wenn er nur wüßte, wo man die paar Millionen Juden hintun könnte; so viel seien es ja gar nicht. Er werde an Frankreich herantreten und die Franzosen auffordern, auf der Insel Madagaskar Raum für eine Umsiedlung zur Verfügung zu stellen. Auf Frage von Bormann, wie die denn im Krieg dahin kommen sollten, antwortete er [Hitler], das müßte man überlegen. [...] Er dächte über manches jetzt anders, nicht gerade freundlicher.« Das Gespräch gibt nur einen offensichtlich unvollständigen Einblick in Hitlers Gedankenbildung. Dabei ist freilich auch zu berücksichtigen, daß die Teilnehmer keine unmittelbare Zuständigkeit in der Judenfrage hatten. Vielleicht war Hitler wirklich noch unsicher. Aus der Tatsache, daß er den längst erledigten Madagaskar-Plan erwähnte, nicht aber den bevorstehenden Rußlandfeldzug, ergibt sich jedoch wohl eher die Schlußfolgerung, daß Hitler selbst einen

Personenkreis wie diesen nicht vollständig einweihte, sondern sich auf Andeutungen beschränkte.

63 KTB/OKW, Bd. I S. 340f.

64 Siehe oben S. 97.

65 Nürnberger Dokument PS-447, in: IMT Bd. XXVI (1947) S. 53ff.

66 Siehe oben S. 63.

67 Einen gewissen Einblick in Himmlers Gedankenwelt vermittelt ein Vortrag, den er anscheinend am 9. November 1935 hielt und der 1936 (in 3. Auflage 1937) unter dem Titel »Die Schutzstaffel als antibolschewistische Kampforganisation« als Broschüre veröffentlicht wurde. Darin führte er zwar aus, daß der Jude seit je Krieg gegen die Völker führe und »es in diesen Kämpfen keine Friedensschlüsse gibt, sondern nur Sieger oder Besiegte und daß Besiegtsein in diesem Kampf für ein Volk Totsein heißt« (S. 8). Den umgekehrten Schluß, daß die Völker den Juden bekriegen und dieser dann tot sei, zog Himmler aber auch in Andeutungen nicht. Im Gegenteil sprach er dann davon, daß der Germane das Tier, »das in ungezählten anderen Ländern dieser Erde rechtlos ist«, in seine Rechtsordnung einbezogen habe, denn selbst schädliche Tiere wie Mäuse und Ratten »waren in der göttlichen Ordnung verankert, auch sie waren und sind von Gott geschaffen« (S. 10). So abstrus diese Gedanken waren, aus ihnen spricht kein blutrünstiger Antisemitismus. Vgl. Josef Ackermann, Heinrich Himmler als Ideologe (1970).

68 Aufzeichnung des Generals Ulex, in: Krausnick, Hitler und die Morde in Polen, a.a.O. S. 205.

69 Generaloberst Halder, Kriegstagebuch, Bd. II (1963) S. 311 und 328.

70 Am 28. April 1941 als Befehl vom Oberbefehlshaber des Heeres unterzeichnet. Nürnberger Dokumente NOKW-256 und NOKW-2080, in: Hans-Adolf Jacobsen, Kommissarbefehl und Massenexekutionen sowjetischer Kriegsgefangener, in: Hans Buchheim u. a. (Hg.), Anatomie des SS-Staates, Bd. II (1965) S. 202ff.; vgl. S. 362.

71 Zum SD (Sicherheitsdienst) vgl. Buchheim, a.a.O. Bd. I S. 67ff.

72 Heydrichs Rolle ist besonders schwer durchschaubar. Anders als von den meisten anderen Beteiligten sind von ihm keine persönlichen, sondern nur amtliche Äußerungen zum Mord an den Juden überliefert. Es gibt auch keine nachträglichen Äußerungen von ihm, weil er schon am 4. Juni 1942 an den Folgen eines auf ihn verübten Attentats starb. Zudem ist der Forschungsstand unbefriedigend. Die Untersuchung von Shlomo Aronson, Reinhard Heydrich und die Frühgeschichte von Gestapo und SD (1971), reicht nur bis etwa 1935. Die

Biographien von Günther Deschner, Reinhard Heydrich (1977), und von Edouard Calic, Reinhard Heydrich (1982), genügen wissenschaftlichen Ansprüchen nicht.

73 Nürnberger Dokument NG-3104, auszugsweise in: Pätzold, a.a.O. S. 288f., und Adler, a.a.O. S. 29.

74 Diensttagebuch Frank S. 336.

75 Ebd.

76 Zitiert nach Kempner, a.a.O. S. 97.

77 Siehe oben S. 98.

78 Krausnick/Wilhelm, a.a.O. S. 141.

79 Kopie einer Abschrift im Institut für Zeitgeschichte (München). Vgl. Krausnick/Wilhelm, a.a.O. S. 150f., 162 und 166f. Vgl. auch Alfred Streim, Die Behandlung sowjetischer Kriegsgefangener im »Fall Barbarossa« (1981) S. 74ff., wo zur Erteilung des allgemeinen Vernichtungsbefehls Hitlers zahlreiche Aussagen in Gerichtsverfahren der Nachkriegszeit ausgewertet werden, die Aussagekraft der zeitgenössischen Dokumente aber verkannt wird. Diskussion der Kontroverse in: Eberhard Jäckel und Jürgen Rohwer (Hg.), Der Mord an den Juden im Zweiten Weltkrieg (1985), passim und besonders S. 88ff.

80 Andreas Hillgruber, Hitlers Strategie. Politik und Kriegführung 1940–1941 (2. Aufl. 1982) S. 508.

81 Außer in den stets unsicheren und daher hier nicht berücksichtigten Aussagen in Gerichtsverfahren der Nachkriegszeit; vgl. Streim, a.a.O. S. 74ff.

82 Kopie einer Abschrift im Institut für Zeitgeschichte (München). Zur Kontroverse siehe oben Anm. 79.

83 Satzzeichen (Semikola) zwischen die in der Vorlage durch Absätze getrennten Satzteile von mir hinzugefügt.

84 Siehe oben S. 102.

85 Krausnick/Wilhelm, a.a.O. S. 163, allerdings auf der Grundlage von Aussagen in einem Gerichtsverfahren der Nachkriegszeit.

86 Diensttagebuch Frank S. 386.

87 So bezüglich Sobibór Himmler und andere SS-Dienststellen in einem Schriftwechsel vom 5., 15. und 24. Juli 1943, Nürnberger Dokument NO-482, in: Adalbert Rückerl (Hg.), Nationalsozialistische Vernichtungslager im Spiegel deutscher Strafprozesse (1977) S. 176ff.

88 Aufzeichnung einer Unterredung mit dem stellvertretenden kroatischen Ministerpräsidenten Slavko Kvaternik, in: ADAP Bd. XIII. 2 (1970) S. 838; die Unterredung ist dort wohl irrtümlich auf den 22. Juli datiert.

89 Kopie einer Abschrift in der Zentralen Stelle der Landesjustizverwaltungen zur Aufklärung von NS-Verbrechen (Ludwigsburg). Zum Verfasser des Schreibens vgl. Martin Pollack, Jäger und Gejagter, in: Transatlantik (November 1982) S. 17ff. Das Schreiben ist, soweit ich weiß, die bis zum Beginn des Massenmordes einzige Anregung dieser Art und stützt schon deswegen nicht die These der sogenannten Funktionalisten (siehe oben Anm. 55 zum 2. Kapitel), nach der der Mord sich aus den geschaffenen Umständen ergeben habe. Im übrigen verzichte ich auch hier auf eine Auseinandersetzung mit entgegenstehenden Auffassungen, verweise aber auf den (in vielem fehlerhaften) Aufsatz von Hans Mommsen, Die Realisierung des Utopischen: Die »Endlösung der Judenfrage« im »Dritten Reich«, in: Geschichte und Gesellschaft 9 (1983) S. 381ff.

90 Józef Marszalek, Majdanek (deutsche Ausgabe 1982) S. 24ff.

91 Diensttagebuch Frank S. 389.

92 Raul Hilberg, Die Aktion Reinhard, in: Jäckel und Rohwer, a.a.O. S. 125ff.; Yisrael Gutman, The Jews of Warsaw, 1939–1943 (1982).

93 Nürnberger Dokument PS-710, in: IMT Bd. XXVI (1947) S. 266f. Daß Heydrich Göring aufsuchte, ergibt sich aus dessen Terminkalender; Hermann Weiß, Die Aufzeichnungen Hermann Görings im Institut für Zeitgeschichte, in: Vierteljahrshefte für Zeitgeschichte 31 (1983) S. 367. Daß der Auftrag im Reichssicherheitshauptamt entworfen und geschrieben worden war, ergibt sich aus dem Schriftbild und wurde in der Nachkriegszeit von Eichmann in seinen Erinnerungen bestätigt; Rudolf Aschenauer (Hg.), Ich, Adolf Eichmann (1980) S. 479.

94 Diensttagebuch des Höheren SS- und Polizeiführers Rußland-Mitte Erich von dem Bach-Zelewski (Bundesarchiv R 20/45b). Demnach war Himmler am 30. Juli 1941 in Baranowitschi und am 15. und 16. August in Baranowitschi und Minsk. Die Beobachtung der Erschießungsaktion wird auf den 15. August datiert, weil Bach nach seinem Diensttagebuch an diesem Tage hinzugezogen wurde und er den Vorgang nach Kriegsende schilderte; Bericht darüber in: Aufbau (New York) Bd. XII Nr. 34 vom 23. August 1946 S. 1f.

95 Krausnick/Wilhelm, a.a.O. S. 543ff.

96 Rückerl, a.a.O. S. 243ff. Da die Opfer sogleich nach ihrer Ankunft getötet wurden, ist der übliche Ausdruck Vernichtungslager eigentlich durch Vernichtungsanstalt zu ersetzen.

97 Werner Jochmann (Hg.), Adolf Hitler, Monologe im Führerhauptquar-

tier 1941–1944 (1980) S. 55; die Aufzeichnung gibt Äußerungen aus der Zeit vom 8. bis zum 11. August 1941 wieder.

98 So Eichmann in der noch zu erwähnenden Sitzung vom 15. August 1941 (siehe unten Anm. 102), nach einem Vermerk des Rassereferenten im Reichsinnenministerium, Bernhard Lösener, vom 18. August, in: Das Reichsministerium des Innern und die Judengesetzgebung [im folgenden zitiert als Aufzeichnungen Lösener], in: Vierteljahrshefte für Zeitgeschichte 9 (1961) S. 303.

99 Er reaktivierte in diesen Tagen zwei ehemalige aktive Offiziere, die als Halbjuden entlassen worden waren, und billigte »ferner nicht die Pläne der Partei, die Halbjuden den Juden gleichzustellen«; a.a.O. S. 304.

100 Eichmann sagte in der Sitzung vom 15. August 1941, »es sei [zur Frage der Kennzeichnung der Juden] kürzlich wieder ein Antrag an den Reichsmarschall [Göring] gerichtet worden. Dieser habe die Sache zurückgeschickt mit dem Bemerken, darüber müsse der Führer entscheiden. Das Reichssicherheitshauptamt habe deshalb den Antrag umgearbeitet; dieser werde dem Reichsleiter Bormann zugeleitet, damit er dem Führer Vortrag halte.« Das hieß, daß Heydrich nun statt über den widerstrebenden Göring über Bormann Zugang zu Hitler zu erhalten versuchte. Auch zur Frage des abgelehnten Antrags Heydrichs auf Evakuierungen der Juden aus dem Altreich bemerkte Eichmann, »daraufhin ließe [Heydrich] jetzt einen Vorschlag ausarbeiten, der auf Teilevakuierung der größeren Städte ziele«; a.a.O. S. 303.

101 Zur Reaktion von Goebbels vgl. Hans Günter Hockerts, Die Goebbels-Tagebücher 1932–1941, in: Festschrift für Konrad Repgen (1983) S. 387f.

102 Darüber liegen zwei Vermerke vor, der schon genannte von Lösener und ein vermutlich im Reichspropagandaministerium angefertigter (Bundesarchiv R 56 I Nr. 132), auszugsweise in: Pätzold, a.a.O. S. 304. Inhaltlich stimmen beide Vermerke ganz überein, der Vermerk Löseners ist ausführlicher.

103 So zitierte Lösener wörtlich in Anführungszeichen; Aufzeichnungen Lösener S. 303. Beide Vermerke verzeichnen, daß in Berlin noch 70000 Juden wohnten, von denen nur 19000 arbeiteten.

104 Zitiert nach Martin Broszat, Hitler und die Genesis der »Endlösung«, in: Vierteljahrshefte für Zeitgeschichte 25 (1977) S. 749.

105 So Goebbels am 19. August 1941 in seinem Tagebuch; a.a.O. S. 749f.

106 Goebbels-Tagebuch vom 22. August 1941; Hockerts, a.a.O. S. 388. Vgl. Amnon Amir, Euthanasia in Nazi Germany (1977) S. 271, und

Eugen Kogon u. a. (Hg.), Nationalsozialistische Massentötungen durch Giftgas (1983) S. 59. Da ein großer Teil des an der Tötung von Geisteskranken beteiligten Personals später bei der Tötung von Juden eingesetzt wurde, erhebt sich die (nach dem gegenwärtigen Kenntnisstand unbeantwortbare) Frage, ob Hitler die eine Aktion auch deswegen einstellen ließ, um die andere vorantreiben zu können. Vollständig wurde übrigens die Tötung von Geisteskranken nicht eingestellt.

107 Vermerk von Lösener vom 20. August 1941, in: Aufzeichnungen Lösener S. 305; Reichsgesetzblatt 1941 I S. 547.

108 Goebbels-Tagebuch vom 20. August 1941, in: Broszat, a.a.O. S. 750.

109 Siehe oben S. 113.

110 Zitiert nach Pätzold, a.a.O. S. 306. Freilich scheint das Auswanderungsverbot nicht durchgedrungen zu sein, denn es wurde am 1. Oktober, am 23. Oktober und am 19. November 1941 wiederholt. Vgl. Adler, a.a.O. S. 29f., und Gerald Fleming, Hitler und die Endlösung (1982) S. 57f.

111 Tagebuch von Otto Bräutigam, einem Mitarbeiter Rosenbergs in dessen Reichsministerium für die besetzten Ostgebiete, in: Adler, a.a.O. S. 176f. Ribbentrop antwortete, er wolle zunächst »die Angelegenheit persönlich mit dem Führer besprechen«.

112 Zitiert nach Broszat, a.a.O. S. 750.

113 Nach dem Itinerar Hitlers, in: Hillgruber, a.a.O. S. 695. Soweit bekannt, war dies Heydrichs erster Besuch bei Hitler im Jahre 1941; die nächsten Besuche folgten dann schon am 2. und am 25. Oktober.

114 Die Ernennung erfolgte am 27. September; Reichsgesetzblatt 1941 I S. 591. Da aber Neurath am 23. und sein Stellvertreter Karl Hermann Frank vom 22. bis 24. September bei Hitler waren, wird die Entscheidung in diesen Tagen gefallen sein.

115 Goebbels-Tagebuch vom 24. September 1941, in: Broszat, a.a.O. S. 751.

116 Aufzeichnung des Majors Engel, in: Kotze, a.a.O. S. 111.

117 Ebd. Hitler bat Keitel, den Militärbefehlshaber [gemeint war wohl der »Wehrmachtbefehlshaber im Südosten« mit Sitz in Saloniki] »darüber zu unterrichten, daß Reichsführer SS Sondervollmachten erhalten habe, welche nicht zu stören seien«. Die Deportationen aus Saloniki begannen jedoch erst im März 1943; Hilberg, Vernichtung, a.a.O. S. 479.

118 40. Wochenbericht der Israelitischen Kultusgemeinde Wien vom 7. Oktober 1941, in: Jonny Moser, Die Judenverfolgung in Österreich 1938–1945 (1966) S. 28.

119 Hilberg, a.a.O. S. 323.
120 Nach Akten des International Tracing Service (Arolsen), in: Kempner, a.a.O. S. 116.
121 Gesamtaufstellung der im Bereich des Einsatzkommandos 3 bis zum 1. 12. 1941 durchgeführten Exekutionen, in: Broszat, a.a.O. S. 760. Es waren 1159 Männer, 1600 Frauen und 175 Kinder; Adler, a.a.O. S. 184.
122 Nürnberger Dokumente NG-2586 und PS-709. Faksimile einer Einladung in: Kempner, a.a.O. S. 127f.
123 Nach einer Aufzeichnung eines Teilnehmers, des Unterstaatssekretärs Martin Luther vom Auswärtigen Amt, vom 21. August 1942 erklärte Heydrich in der Sitzung, »daß der Auftrag Reichsmarschalls Göring an ihn auf Weisung des Führers erfolgt sei«; Pätzold, a.a.O. S. 351. In den Einladungsschreiben und im Besprechungsprotokoll vermied Heydrich diese Berufung auf Hitler.
124 Wie Anm. 88.
125 Besprechungsprotokoll, Nürnberger Dokument NG-2586 G, in: Kempner, a.a.O. S. 133ff.; auch in: Akten zur deutschen auswärtigen Politik, Serie E (1941–1945), Bd. I (1969) S. 267ff.
126 Daten und Zitate in: Jäckel, Hitlers Weltanschauung (1981) S. 75f.
127 Es ist zu beachten, daß Hitler auch seinen Auftrag zur Tötung von Geisteskranken fälschlich auf den 1. September 1939 datiert hatte; siehe oben Anm. 34.
128 Jochmann, a.a.O. S. 99.
129 A.a.O. S. 106.
130 Aufzeichnung über die Unterredung, Nürnberger Dokument D-736, in: IMT Bd. XXXV (1949) S. 428.
131 Ulrich von Hassell, Vom andern Deutschland. Aus den nachgelassenen Tagebüchern 1938–1944 (1946) S. 232. Tagebucheintragung vom 1. November 1941. Der Vertraute war Ministerialdirektor Erich Gritzbach, Chef von Görings Stabsamt und Verfasser eines Buches über ihn. Vgl. auch die oben S. 107 zitierte Äußerung Görings.
132 Louis P. Lochner (Hg.), Goebbels Tagebücher aus den Jahren 1942–43 (1948) S. 142f.
133 Bradley F. Smith und Agnes F. Peterson (Hg.), Heinrich Himmler, Geheimreden 1933 bis 1945 (1974) S. 169.
134 A.a.O. S. 202f.
135 Hitlers Politisches Testament. Die Bormann Diktate vom Februar und April 1945 (1981) S. 64, 111 und 122. Diese Aufzeichnungen sind nicht zu verwechseln mit Hitlers politischem Testament vom 29. April 1945, dessen letzter Satz lautete: »Vor allem verpflichte ich

die Führung der Nation und die Gefolgschaft zur peinlichen Einhaltung der Rassegesetze und zum unbarmherzigen Widerstand gegen den Weltvergifter aller Völker, das internationale Judentum.« Nürnberger Dokument Streicher-9, in: IMT Bd. XLI (1949) S. 552.

5. Kapitel
Der Weg aus der Geschichte

1 Das gilt zumal in dem hier gemeinten allgemeinen Sinn, einen bekannten Verlauf mit ähnlichen Verläufen zu erklären. Im strengen Sinn besteht ein Analogieschluß darin, einen unbekannten Verlauf mit einem ähnlichen zu erklären. Vgl. Johann Gustav Droysen, Historik, hg. von Rudolf Hübner (7. Aufl. 1972) S. 88 und 335.

2 Sie beruhen jedoch auf einer wirklichen Kontroverse zwischen Peter Hoffmann und Klaus-Jürgen Müller, in: Historische Zeitschrift 234 (1982) S. 101ff. und 235 (1982) S. 355ff.

3 Vgl. Karl-Georg Faber, Theorie der Geschichtswissenschaft (4. Aufl. 1978) S. 66ff.; John Lukacs, Historical Consciousness (1968) S. 153ff.; W. H. Dray, Concepts of Causation in A. J. P. Taylor's Account of the Origins of the Second World War, in: History and Theory 17 (1978) S. 149ff.

4 Zitiert nach Hugh Trevor-Roper, War der Nationalsozialismus ohne Beispiel? (1983) S. 9 und 23.

5 Andreas Hillgruber, »Revisionismus« – Kontinuität und Wandel in der Außenpolitik der Weimarer Republik, in: Historische Zeitschrift 237 (1983) S. 597ff.

6 Ich habe das einmal näher ausgeführt in meinem Beitrag: Der gleichzeitige Eintritt in die Weltpolitik, in: Arnulf Baring und Masamori Sase (Hg.), Zwei zaghafte Riesen? Deutschland und Japan seit 1945 (1977) S. 38ff.

7 Vgl. Ludwig Dehio, Gleichgewicht oder Hegemonie (1948).

8 Auch die Massaker an den Armeniern im Osmanischen Reich während des Ersten Weltkrieges scheinen eher von Tötungen begleitete Deportationen als geplante Tötungen gewesen zu sein.

9 Ich habe dies näher ausgeführt in: Hitlers Weltanschauung (1981) S. 55 und 121ff. Die Äußerungen Hitlers sind gesammelt in: Eberhard Jäckel zusammen mit Axel Kuhn (Hg.), Hitler. Sämtliche Aufzeichnungen 1905–1924 (1980).

10 Rudolph Binion, Hitler among the Germans (1976), deutsche Übersetzung: »... daß ihr mich gefunden habt« (1978). Natürlich ist die These Binions von mir verkürzt wiedergegeben. Es verdient Beachtung, daß Hitler den jüdischen Arzt seiner Mutter, Eduard Bloch, nicht haßte, sondern ihm sogar 1940 die Ausreise nach Amerika durch eine persönliche Intervention ermöglichte.

11 Vgl. Richard S. Levy, The Downfall of the Anti-Semitic Political Parties in Imperial Germany (1975).

12 So Thomas Nipperdey und Reinhard Rürup, Antisemitismus, in: Otto Brunner u. a. (Hg.), Geschichtliche Grundbegriffe, Bd. I (1972) S. 150.

13 Zitiert nach Yehuda Bauer, Trends in Holocaust Research, in: Yad Vashem Studies XII (1977) S. 13f.

14 Vgl. Egmont Zechlin, Die deutsche Politik und die Juden im Ersten Weltkrieg (1969). Freilich berichtet das Buch vorwiegend über Zusammenarbeit mit den Juden.

15 Trevor-Roper, a.a.O. S. 13f. und 25ff.

16 Donald L. Niewyk, The Jews in Weimar Germany (1980).

17 A.a.O. S. 80 und 200.

18 Otto Dov Kulka, Die Nürnberger Rassengesetze und die deutsche Bevölkerung im Lichte geheimer NS-Lage- und Stimmungsberichte, in: Vierteljahrshefte für Zeitgeschichte 32 (1984) S. 622. Die Arbeit ist das erste Ergebnis eines noch nicht abgeschlossenen umfassenden Forschungs- und Quelleneditionsprojekts über die Einstellung der Bevölkerung im Dritten Reich zu den Juden und der Judenpolitik des NS-Regimes.

19 Vgl. Shulamit Volkov, Kontinuität und Diskontinuität im deutschen Antisemitismus 1878–1945, in: Vierteljahrshefte für Zeitgeschichte 33 (1985) S. 221ff. Sehr treffend bemerkt die Autorin, a.a.O. S. 243: »[Der Antisemitismus] war als solcher von großer Bedeutung für die Gestaltung einer bestimmten Umwelt für die Menschen dieser Zeit. Aber die mörderischen Handlungen der Nazis gehörten in eine andere Kategorie und entsprangen anderen Ursachen. Die Prosa der Vorkriegsantisemiten war von den marschierenden SS-Kolonnen ebenso weit entfernt, wie es die normale verbale Aggression von kleinen Kindern von den seltenen Angriffen von Kindern auf Erwachsene ist. Der letzte Akt der Gewalt muß von den spezifischen Gegebenheiten des Falles her verstanden werden, nicht, indem man sich auf allgemein beobachtbare menschliche Verhaltensmuster bezieht.« Und dann zitiert sie den französischen Historiker Marc Bloch: »Le proverbe arabe l'a dit avant nous: ›Les hommes ressemblent plus à leur temps qu'à leurs pères.‹

Pour avoir oublié cette sagesse orientale, l'étude du passé s'est parfois discréditée.«

20 Vgl. Saul Friedländer, Pius XII. und das Dritte Reich (1965); Walter Laqueur, Was niemand wissen wollte. Die Unterdrückung der Nachrichten über Hitlers »Endlösung« (1981); Martin Gilbert, Auschwitz und die Alliierten (1982). David S. Wyman, Das unerwünschte Volk. Amerika und die Vernichtung der europäischen Juden (1986).

21 Vgl. Leni Yahil, The Rescue of Danish Jewry (1969).

22 Vgl. Patrik von zur Mühlen, Rassenideologien (1977).

23 Vgl. Karl Binding und Alfred Hoche, Die Freigabe der Vernichtung lebensunwerten Lebens (1920). Noch bemerkenswerter erscheint, was der seit 1912 am Rockefeller-Institut in New York tätige französische Arzt und Nobelpreisträger Alexis Carrel in seinem 1935 in Frankreich und den USA, 1936 auch in Deutschland erschienenen Buch »Der Mensch, das unbekannte Wesen« schrieb: »In Deutschland hat die Regierung energische Maßnahmen gegen die Vermehrung der Minderwertigen, Geisteskranken und Verbrecherischen ergriffen. Die ideale Lösung wäre es, wenn jedes derartige Individuum ausgemerzt würde, sowie es sich als gefährlich erwiesen hat. [...] Wer aber gemordet [hat], mit dem sollte in humaner und wirtschaftlicher Weise Schluß gemacht werden: in kleinen Anstalten fur schmerzlose Tötung, wo es die dazu geeigneten Gase gibt. Ebenso müßte man zweckmäßigerweise mit jenen Geisteskranken verfahren, die sich ein Verbrechen haben zuschulden kommen lassen.« A.a.O. S. 421f.; in der amerikanischen Ausgabe, a.a.O. S. 318f., fehlte der Hinweis auf die Maßnahmen der deutschen Regierung, im übrigen war die Aussage gleich.

24 Das gab den Anlaß zu der Schrift von Karl Marx, Der achtzehnte Brumaire des Louis Bonaparte (1852), aus der das Modell des Bonapartismus zumeist abgeleitet wird. Hinweise auf den Absolutismus als Ergebnis einer Gleichgewichtslage in Übergangsperioden finden sich aber sowohl bei Marx wie bei Engels schon 1847. Vgl. Karl Marx/Friedrich Engels, Werke, Bd. 4 (1959) S. 30f. und 346.

25 Siehe oben S. 13f. Es sei noch einmal daran erinnert, daß diese beiden Begriffe das ganze Buch hindurch stets nur in dem so definierten Sinne verwendet wurden.

26 Karl Dietrich Erdmann (Hg.), Kurt Riezler. Tagebücher, Aufsätze, Dokumente (1972) S. 183.